DIE REIHE
Archivbilder

GOTHA

ALLTAGSIMPRESSIONEN

Fast alle Grundstücke in der Gothaer Innenstadt besaßen Hinterhöfe, die in der Regel an vier Seiten für Stallungen, Vorratsräume und Werkstätten bebaut waren. Seit dem 17. Jahrhundert entstanden hier die billigeren Wohnungen. Die Gebäudeteile waren durch Galerien verbunden. Auf dem Hof befanden sich die Abortanlage und die Mistgrube. Es gab Höfe, die nicht größer als 25 m² waren.

DIE REIHE
Archivbilder

GOTHA
ALLTAGSIMPRESSIONEN

Helga Raschke

SUTTON
VERLAG

Hauptmarkt mit Rathaus und Schellenbrunnen, im Eckhaus befand sich das Seifengeschäft der Fabrik von Friedebald Bloedner. Die Fotomontage mit den volltrunkenen Bürgern stammt aus dem 1898 gegründeten Verlag von Alexander Gimm, aus dem der Postkartenverlag von Albert Horn hervorgegangen ist.

Sutton Verlag GmbH
Hochheimer Straße 59
99094 Erfurt
www.suttonverlag.de
Copyright © Sutton Verlag, 1999

ISBN: 978-3-89702-146-4

Druck: Books on Demand GmbH, Norderstedt, Deutschland

Titelbild: Mitarbeiter der Buchbinderei Perthes (siehe Seite 56).

4

Inhaltsverzeichnis

Abbildungsnachweis

Jochen Albrecht 124 u.r.
Inge Bönsch 24 u., 71 u., 86 u., 92 o.
Elisabeth Büchner 105 o.
Michael Burckhardt 125 o.
Walter von Erckert 15 u., 87 u., 108 o.
Haus der Versicherungsgeschichte 58 o., 59
Waltraud Hildebrandt 37 o., 42 u., 50 o., 120 u.
Postkartensammlung Horn 4, 18, 20, 46 u., 84, 101 u.
Lothar und Edith Mark 31 u., 32 o., 62 u., 66 o., 87 o., 90 f., 96, 118 u.
Edith Moskopf 86 o.
Museum für Regionalgeschichte und Volkskunde Gotha 10 u., 11 u., 12 f., 15 o., 19, 21 f., 23 o.,
    24 o., 25, 26 u., 27 f., 33 o., 34 o., 35, 36 u., 37 u., 38 o., 39, 40 o., 41 u., 42 o., 43-45, 46 o.,
    47 f., 49 o., 51, 53, 54 u., 55 f., 57 o., 58 u., 60, 61 u., 62 o., 63, 67 u., 68 f., 70 o., 71 o., 72 f.,
    75, 76 o., 77 u., 78, 81 u., 82, 83 o., 85, 89 u., 92 u., 93 f., 97 o., 98-100, 102 o., 103 f., 105 u.,
    106, 107, 108 u., 109, 110 f., 112 u., 113 o., 114, 115 o., 117, 118 o., 120 o., 121, 123, 124 o.,
    124 u.l.,125 u.
Horst Panse 61 o.
Dr. Helga Raschke 17, 29, 30 o., 31 o., 33 u., 34 u., 36 o., 38 u., 40 u., 41 o., 50 o., 52, 64 u., 65,
    66 u., 67 o., 70 u., 76 u., 89 o., 94 o., 95, 97 u., 101 o., 113 u., 15 u., 116
Albin Riedel 57 u.
Lorelies Roth 112 o.
Hildegard Schröter 32 u., 88 o.
Martina Seestern-Pauly 50 u.
Stadtarchiv Gotha 2, 9, 10 o., 11 o., 14, 26 o., 49 u., 64 o., 74 u., 79 f., 81 o., 83 u., 102 u., 122
Hannelore Thiel 54 o.
Kurt Wabersich 77 o.
Geschwister Weisheit 119
Edeltraud Wettig 23 u., 30 u., 74 o.

Allen Freunden und Bekannten, die mir bereitwillig ihre Fotoalben geöffnet haben, möchte ich an dieser Stelle herzlich danken. Besonders verbunden bin ich dem Museum für Regionalgeschichte und Volkskunde, dem Stadt- und Kreisarchiv und dem Horn-Verlag. Die Damen Seestern-Pauly, Dobritzsch, Hartwich, Holz und Wohlleben haben mich bei meiner Arbeit sehr unterstützt. Für wissenschaftlich-technische Arbeiten und für seine allseitige Hilfe danke ich meinem Mann.

Einleitung

Die erstmals 775 erwähnte Siedlung Gotha lag an einem wichtigen Fernverkehrsweg, der via regia oder Königsstraße. Im Verlauf des 12. Jahrhunderts entwickelte sich der Ort zu einem Zentrum von Handwerk und Handel, der vermutlich unter Landgraf Ludwig II. das Stadtrecht erhielt. Im Mittelpunkt von Gotha befand sich der große Marktplatz. Die Umfriedung oder spätere Stadtmauer, der eigene Gerichtsbezirk und die eigene Verwaltung kennzeichneten den Ausbau der Stadtgemeinde, die schrittweise dem landgräflichen Stadtherren Privilegien abringen konnte. Der Bau des Leinakanals 1369 beeinflußte die gesamte Wirtschaft der wasserarmen Stadt, auch das Brauwesen konnte sich seitdem entfalten. Neben dem Handwerk blühte der Handel mit Getreide und besonders der Export von Färberwaid, einer seit dem 13. Jahrhundert in Thüringen angebauten Pflanze.

Der Schmalkaldische Krieg und die Grumbachschen Händel 1566 bedeuteten für die Stadt und ihre Bürger einen gewaltigen Rückschlag, von dem sie sich bis zum Ausbruch des Dreißigjährigen Krieges noch nicht erholt hatten. Nach der ernestinischen Landesteilung von 1640 wurde Gotha Residenzstadt. Herzoglicher Sitz war das 1643/56 erbaute Schloß Friedenstein. Zum Wiederaufbau des zerstörten Landes bezog Herzog Ernst der Fromme aus dem Bürgertum fähige Berater ein. Dazu gehörte Andreas Reyher, der das Bildungswesen reformierte, das erste moderne Schulpflichtgesetz in Deutschland schuf und in der Praxis umsetzte.

Auch im Zeitalter der Aufklärung war die Stadt weit über die Landesgrenzen hinaus bekannt. Dazu trugen solche Persönlichkeiten wie die Astronomen Zach, Lindenau, Encke und Hansen, die Naturforscher Hoff und Schlotheim, die Verleger Ettinger, Perthes und Becker oder der Gelehrte Galletti bei. In der ersten Hälfte des 19. Jahrhunderts machte vor allem Ernst Wilhelm Arnoldi durch die Gründung des Versicherungswesens Gotha in den deutschen Landen bekannt.

Seit der Mitte des 19. Jahrhunderts entwickelte sich Gotha zur Industriestadt. In diese Zeit fallen die Anfänge der Fotografie. Damit entstand ein neues Dokumentationsmittel über das Alltagsgeschehen in der Stadt. Der Bildband soll jedoch keine eigentliche Stadtgeschichte sein, sondern er gibt Zufälligkeiten wider, die thematisch und zeitlich eingeordnet sind.

In der Ära der Farbfotografie finden die alten Schwarzweißfotos nur noch wenig Beachtung. Viele Leute vernichten ihre Alben, wenn sie im Alter eine kleinere Wohnung nehmen und ihre Kinder an diesen nicht interessiert sind. Viele Fotos werden auch beim Ableben eines Menschen mit dem minderwertigen Nachlaß entsorgt. Doch viele Aufnahmen sind wichtige Zeitdokumente über das Alltagsleben vor 30, 50 und sogar 100 Jahren. Deshalb wird es höchste Zeit, dieses gefährdete Kulturgut zielgerichtet zu sammeln. Sie, liebe Leser, können mithelfen, indem sie bedeutungsvolle Fotos dem Museum für Regionalgeschichte und Volkskunde Gotha zur Reproduktion ausleihen.

Die Alltagsaufnahmen zeigen Menschen in allen Situationen ihres täglichen Lebens, Bilder aus der Berufswelt, dem Arbeitsbereich der Frauen in Haus, Hof und Familie, vom Kinderspiel, aus der Freizeit oder dem politischen und kirchlichen Leben. Sie demonstrieren oft Tätigkeiten, die heute nicht mehr üblich sind oder mit anderer Technik und Arbeitsorganisation fortgeführt werden. Die älteren Generationen können viel zu solchen Zeitdokumenten aus der privaten Sphäre berichten. Sie besitzen Lebenserfahrungen aus den dreißiger und vierziger Jahren, haben den Zweiten Weltkrieg, die Nachkriegszeit und den Aufbau der DDR kennengelernt. Der Bildband wird ein Fotoalbum nachdenklicher Erinnerungen für jene sein, die die Zeit erlebt haben, aber auch für die jüngere Generation, die sie nur aus der Erzählung kennt.

Literaturverzeichnis

Adreßbücher der Stadt Gotha 1867-1949.

ANZ, HEINRICH (HRSG.): *Gotha und sein Gymnasium*, Gotha/Stuttgart 1924.

ERKENBRECHER, HANS: *Ernst Wilhelm Arnoldi 1778-1841. Gründer der Gothaer Versicherungs-banken. Eine Biographie*, Köln/Göttingen 1995.

Herzog Ernst II. von Sachsen-Coburg und Gotha 1818-1893 und seine Zeit. Coburg und Gotha 1993.

KEILWERTH, JOHANNES: *Fa. Rudolph-Musikinstrumentenbau in Gotha, in: Gothaer Museumsheft, Beiträge zur Regionalgeschichte 1992*, Gotha 1992, S. 45-48.

KOHLSTOCK, KARL: *Aus der Geschichte der Schwabhuser Gaß und des Gothaer Brauwesens seit 1310.* Gotha (1912).

RASCHKE, HELGA: *Die Entwicklung der Stadt Gotha von 1945 bis zur Gegenwart, in: Gotha. Zur Geschichte der Stadt*, Gotha 1979, S. 131-197.

RASCHKE, HELGA: *Gotha. Die Stadt und ihre Bürger*, 2. Auflage, Horb 1996.

RASCHKE, HELGA (HRSG.): *Zwischen Fahner Höh' und Rennsteig, in: Gothaer Allgemeine 1.-9. Jg.* Gotha 1991-1999.

SCHMIDT, KURT (HRSG.): *Gotha. Das Buch einer deutschen Stadt*, Bd. 1 Gotha 1931, Bd. 2 Gotha 1938.

SCHNEIDER, GOTTLOB: *Gothaer Gedenkbuch Bd. 1*, Gotha 1906, Bd. 2, Leipzig-Gohlis 1909.

SEESTERN-PAULY, MARTINA: *Zur Geschichte eines verschwundenen Hauses, in: Gothaer Museums-heft, Beiträge zur Regionalgeschichte 1996*, Gotha 1996, S. 111 f.

STRUMPF, MANFRED: *Gothas astronomische Epoche*, Horb 1998.

1

Zu Fuß und auf Rädern durch die Stadt

Wachsende Einwohnerzahlen, die sprunghafte Zunahme der sozialen Gruppe der Arbeitnehmer und eine völlige Veränderung des Stadtbildes, vor allem um die alte Innenstadt, kennzeichnen die Entwicklung von Gotha seit dem letzten Drittel des 19. Jahrhunderts. Neue Erwerbszweige wurden ansässig, wie der Maschinenbau oder die chemische Industrie. In Gotha entstand ein Zentrum der deutschen Arbeiterbewegung. Die ersten Kongresse der Sozialdemokratie und während des Ersten Weltkrieges der Gründungsparteitag der USPD fanden hier statt. Nicht nur als Industriestadt wurde Gotha weit bekannt, sondern auch als Stadt der Versicherungen. In der Novemberrevolution 1918 wurde Carl Eduard, der Herzog von Sachsen-Coburg und Gotha, abgesetzt. Gotha ist seitdem keine Residenzstadt mehr. Zwischen den beiden Weltkriegen entstanden am Rande der Stadt neue Wohngebiete.

Nachdem Herzog Ernst II. von Sachsen-Coburg und Gotha 1893 kinderlos gestorben war, folgte Herzog Alfred von Edinburgh, der Sohn seines Bruders Albert, der mit Königin Victoria von Großbritannien vermählt war. Alfred war mit Großfürstin Maria von Rußland verheiratet. Einzugsfeierlichkeit in Gotha für Herzog Alfred am 31. Januar 1894.

Vermutlich Festschmuck nach der Schlacht von Langensalza 1866. Blick vom Rathaus zum Schloß Friedenstein. Der Markt wurde im Süden von der Bergmühle und dem Landschafts-gebäude begrenzt. Nach Abriß der Bergmühle, die vom 1369 gebauten Leinakanal angetrieben wurde, entstand 1895 die Anlage der Wasserkunst.

Zwischen Bergmühle und Schloßberg befand sich ein kleines Gäßchen, das in der heutigen Lucas-Cranach-Straße endete. Blick durch das Gäßchen zum Schloß Friedenstein. Die Auf-nahme stammte 1893/94 vom Projektanten der Wasserkunst, Hugo Mairich.

Empfang Herzog Alfreds am 31. Januar 1894 vor dem Rathaus, Südeingang. Im Hintergrund sind die Häuser Hauptmarkt 27, von Louis F. Lange, und 28 zu sehen.

Die Ehrenjungfrauen für den herzoglichen Einzug im Jahre 1894. Von links nach rechts: Emilie Cramer, Elsa Matthaei, Marta Felgner, Rauch, Else Müller, Lisbeth Döbel, Erni Biedermann, Else Schröder, Mariechen Bohn.

Mit großem Pomp wurden zum Einzug Alfreds Ehrenpforten über den Hauptstraßen errichtet. Die Ehrenpforte am Rondel, der Kreuzung Bebel-/Bahnhofstraße. Die Schienen der am 2. Mai 1894 eröffneten Straßenbahn fehlen noch, links die Feuerversicherungsbank. Auf der Pforte standen Mädchen, die Blumen auf das Paar streuten. Die Fahnengruppe zeigte die Farben des Deutschen Reiches und derjenigen Länder, mit denen das Herzogspaar verwandt war, wie England, Rußland, Rumänien, Sachsen.

Ehrenberitt Gothaer Bürger. Sie bereiteten sich auf den Empfang Herzog Alfreds am 31. Januar 1894 vor und ließen das Ereignis vom Fotografen im Bild festhalten. Der Platz am Schloß Friedenstein ist heute der Rosengarten.

Nachdem Herzog Alfred von Sachsen-Coburg und Gotha 1900 gestorben war, verzichtete dessen Bruder, Herzog von Connaught, auf die Nachfolge. So bestieg Carl Eduard den Thron. Er war der Sohn des jüngsten und schon verstorbenen Bruders, also des Herzogs Leopold von Albany, und stand bis 1905 unter Vormundschaft des Erbprinzen Ernst von Hohenlohe. Mit der vierspännigen Kutsche wurde Herzog Carl Eduard vom Bahnhof Gotha abgeholt.

Zum Empfang Carl Eduards am 19. Juli 1905 waren alle Häuser festlich geschmückt. Links im Bild das Lucas-Cranach-Haus, Hauptmarkt 17, rechts das Landschaftsgebäude, in dem die Stände des Herzogtums ihren Sitz hatten.

Der Markt der Stadt war das Zentrum des politischen, wirtschaftlichen und kulturellen Lebens. Die einflußreichsten Bürger wohnten in den stattlichen Gebäuden am Markt. Hier gab es auch die vornehmsten Gasthöfe, wie der „Zum Riesen", Hauptmarkt 9. Davor befand sich eine Schwemme zum Tränken der Tiere und Aufquellen der Wagenräder. Um 1880.

Im Hauptmarkt 14, dem Haus „Zum roten Hirsch", wohnte und starb Ernst Wilhelm Arnoldi, der Gründer der Gothaer Versicherungsbanken. Hier war die erste Geschäftsstelle der von ihm 1827 gegründeten Lebensversicherungsbank. 1883 zog Heinrich Wolz mit seinem Geschäft von der Bahnhofstraße nach hier. Im Haus „Zu den zwei Helmen" befanden sich das „Agentur- und Waarengeschäft" der Gebrüder Wenige sowie das „Comptoire des Bildungs-Vereins".

Nachdem am 9. November 1918 Herzog Carl Eduard von Sachsen-Coburg und Gotha durch den Gothaer Arbeiter- und Soldatenrat abgesetzt worden war, setzte sich die revolutionäre Bewegung im Lande fort. Otto Geithner, der der Unabhängigen Sozialdemokratischen Partei, USPD, angehörte, wurde zum Vorsitzenden des 130 Mitglieder umfassenden Rates gewählt. Am 1. Mai 1919 sprach Geithner ohne Megaphon auf dem Hauptmarkt vor tausenden Gothaern.

Hauptmarkt, Straßenbahnhaltestelle am Schellenbrunnen, 1951. Bis 1968 fuhr die Straßenbahn in Richtung Bahnhof durch die Innenstadt.

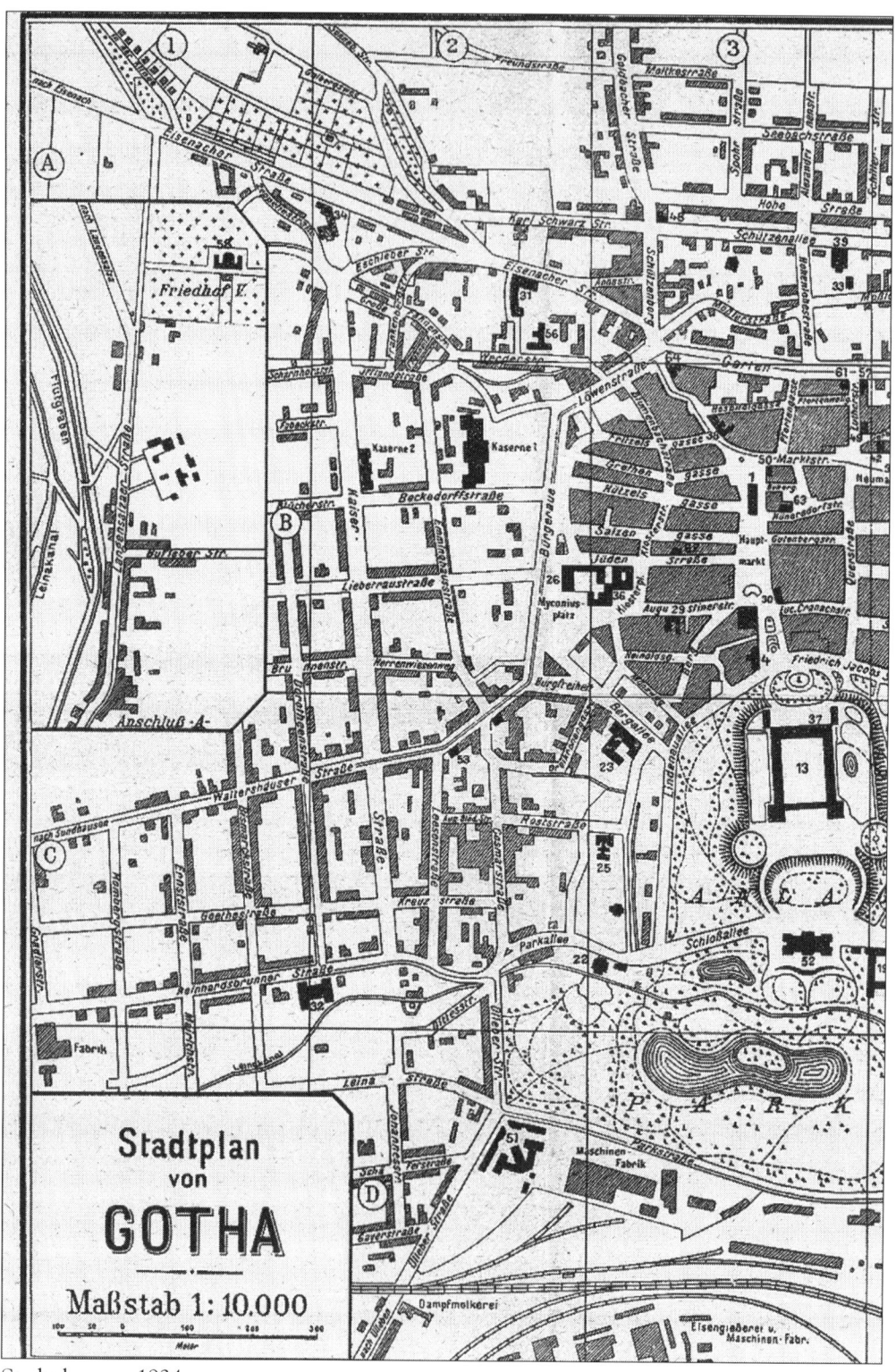

Stadtplan, um 1924.

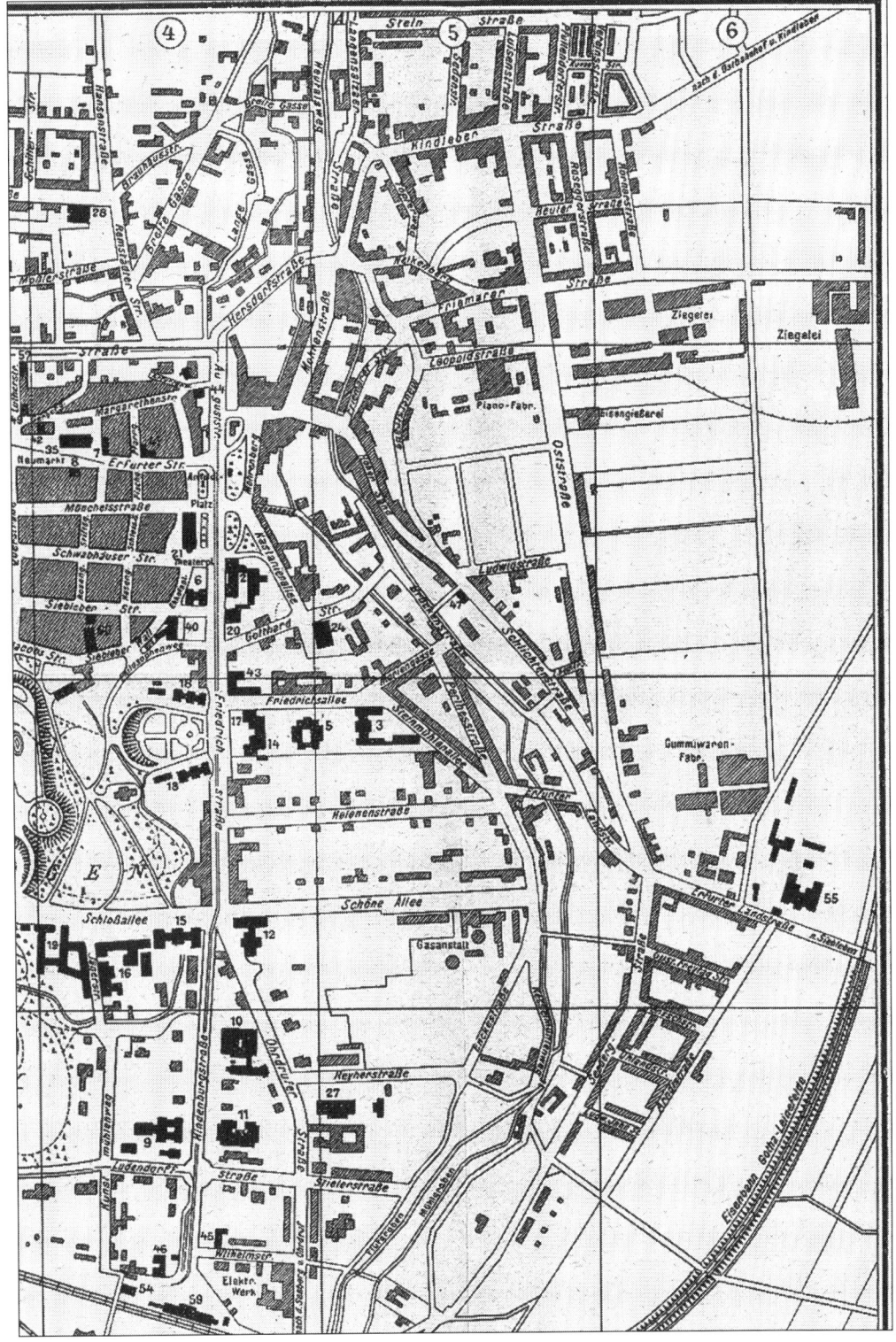

Die Wege zwischen dem Stadttor am Brühl und dem Tor am Ausgang der Erfurter Straße gehörten zur wichtigsten Durchgangsstraße. Eine Ausbuchtung auf der Strecke entwickelte sich zum Neumarkt. An der Südseite des Neumarktes befand sich das Gasthaus „Zu den drei Spitzen", das beim Luftangriff am 10. November 1944 zerstört wurde. Das Haus Nummer 6 „Zum Schrapfen" war bis in die Mitte des 19. Jahrhunderts eine Station der fahrenden Post, in der übernachtet werden konnte. Um 1905.

Auch an der Nordseite des Neumarktes gab es Gaststätten: Nummer 3 hieß „Zur Passage", Nummer 7 „Zum Propheten". Nicht mehr auf dem Bild zu sehen sind Nummer 9, der „Arnstädter Hof", auch „Zum Schwan" genannt, wo nur Arnstädter Bier ausgeschenkt wurde, und Nummer 11 die „Börse". Am Abend des 10. November 1944 wurden die Häuser 7 bis 11 zerbombt. Der zweirädrige Karren war um die Jahrhundertwende das wichtigste Warentransportfahrzeug in der Stadt. Um 1905.

Der Neumarkt am 1. Mai 1946 mit Blick zur Erfurter Straße. Maidemonstranten zogen zum Hauptmarkt. Die große Kundgebung stand im Zeichen der Einheit von SPD und KPD, die für das Land Thüringen am 7. April 1946 in der Gothaer Stadthalle vollzogen wurde. Links die im Luftangriff vom 10. November 1944 beschädigte Margarethenkirche, rechts hinter der Laterne das Haus Neumarkt 18, von dem nur Mauern des Erdgeschosses stehengeblieben waren. Das Haus Nummer 20 der Kürschnerei Albrecht war im Luftangriff nur beschädigt worden.

Der bewachte Fahrradparkplatz in der Erfurter Straße, um 1950. Das hohe Haus diente im 18. Jahrhundert als Zucht-, Irren- und Waisenanstalt. Später hatten hier Behörden ihren Sitz, das Amtsgericht, im Jahre 1950 die Volkspolizei und der Rat des Kreises.

Die Hünersdorfstraße, die vom Hauptmarkt zur Querstraße führt, hieß vordem Fleischgasse, da sich bis 1869 am Buttermarkt die Verkaufsbuden der Metzger, die Fleischbänke, befanden. Links der Stadtdiener mit der Glocke, der die Stadtnachrichten ausrief. Um 1900.

Blick vom Neumarkt in die Lutherstraße, die bis 1890 nur eine schmale Gasse war und mit den Neubauten am Ende des Jahrhunderts zur breiten Fahrstraße ausgebaut wurde. Um 1905.

Blick vom Berg in die Heinoldsgasse, um 1955. Die steil ansteigende Gasse war 1414 erstmals erwähnt worden. Der Berg, auch Marien- oder Pfaffenberg genannt, hatte seinen Namen von der Marienkirche erhalten.

Blick von der Bürgeraue in die Gretengasse vor dem Abriß. Das Haus rechts, das „Hundehaus Wille", gehörte zur Bürgeraue. Um 1960/70.

Mit dem Bau der Kanalisation 1874 verschwanden viele offene Gräben, die das Abwasser über den Leinakanal abgeführt hatten. 1882 wurde nach dem Entwurf des Architekten Conrad Schaller ein Klärbecken im Heutal angelegt. Neue kamen 1906 und 1919 hinzu. Hausabwässer und Witterungsniederschläge flossen vorerst in ein gemeinsames Abwassermischsystem, schrittweise wurde die Kanalisation als Trennsystem ausgebaut. Kläranlage, um 1930.

Der Kutscher mit dem Pferdewagen Nummer 3 der Städtischen Ascheabfuhr. Neben der Asche fiel nur wenig Hausmüll an, da vieles verbrannt, kompostiert oder an Altwarenhändler verkauft wurde. Ascheabfuhrkraftwagen lösten Ende der zwanziger Jahre allmählich die Pferdegespanne ab.

Autofernfahrt von Erfurt nach Gotha im Jahre 1904, im Hintergrund die Dächer vom Schloß Friedrichsthal.

Vor dem Haus des Seilermeisters Wilhelm Thorwarth, Gartenstraße 1, Eingang Moßlerstraße, stürzte 1934 ein Pferdegespann mit Utensilien der Reitschule der SA um. Das Pferd hatte offensichtlich gescheut, und der Kutscher war beim Hinabfahren vom Berg in der Kurve ins Schleudern gekommen. Als ein amerikanischer Panzer am letzten Kriegstag, dem 3. April 1945, von der Eisenacher Straße aus die Innenstadt beschoß, brannte das Haus ab.

Blick vom „Volkshaus zum Mohren" auf den Mohrenberg. Die Gothaer versammelten sich am 1. Mai zur Demonstration und marschierten in Richtung Innenstadt. Um 1910.

Neben Industrie und Handwerk spielte die Landwirtschaft in Gotha bis in das 20. Jahrhundert eine bedeutende Rolle. Auch das Fuhrunternehmen von Paul Schacke in der Mohrenstraße betrieb zur Futterversorgung für die Transporttiere den Feldbau. Die Firma Schacke beim Einbringen der Ernte. Blick in den Hohen Sand, um 1955.

Friedrichstraße, um 1860. Links neben der Orangerie das Gärtnerhaus und das Winterpalais, das seit 1829 als Winterwohnung der verwitweten Herzogin Caroline diente. Die Straße war zu beiden Seiten von Wachhäusern flankiert, die Herzog August nach dem Abbau des Siebleber Tores und als neuen Eingang in die Stadt errichten ließ. Das westliche Wachhaus mußte 1874 der Privatbank, das östliche 1881 der Loge weichen. Rechts das Hotel „Stadt Coburg" am Eingang der heutigen Justus-Perthes-Straße.

Arnoldiplatz mit Theater, um 1930. Zu Beginn der dreißiger Jahre des 19. Jahrhunderts kam es auf Initiative von Ernst Wilhelm Arnoldi zur Bildung eines Komitees zum Bau eines Theaters. Im Mai 1837 erfolgte die Grundsteinlegung. Der Gothaer Architekt Gustav Eberhard hatte in seine Projektierung Entwurfsskizzen des bekannten Architekten Karl Friedrich Schinkel einbezogen. Am 2. Januar 1840 fand mit der Oper „Robert der Teufel" von G. Meyerbeer die festliche Eröffnung statt.

Arnoldiplatz 1912. Links das Arnoldidenkmal, im Hintergrund die Post und die Loge, rechts am Bildrand das Theater. Das 1843 errichtete Denkmal für Ernst Wilhelm Arnoldi versinnbildlichte die Wirkungsbereiche Arnoldis als Gründer der Innungshalle, der Handelsschule, des Gewerbevereins und der Gothaer Versicherungsbanken. Es war 1969 zur Umsetzung abgebaut worden und galt seitdem als verschollen. Nach seiner Wiederauffindung und Restaurierung konnte es auf Initiative des Vereins für Stadtgeschichte und Altstadterhaltung 2003 neben dem Hauptpostamt erneut eingeweiht werden.

Hinter dem Bretterzaun stand nach Abriß des Siebleber Tores die „Limonadière", später „Bayerisches Bierhaus" genannt. Für den Bau des „Schloßhotels" wurde das Gebäude 1910 abgetragen. Links im Bild die von Ludwig Bohnstedt projektierte Privatbank, die Post mit dem kleinen Toilettenanbau (er mußte dem Erweiterungsbau von 1924 weichen) und das Logengebäude.

Die Freimaurer waren in der Zeit des Nationalsozialismus entrechtet. Auch in Gotha wurde das Vermögen der Freimaurerloge „Ernst zum Compaß" eingezogen und das Gebäude 1937 abgerissen. An der Stelle entstand das „Lichtspielhaus am Karolinenplatz", kurz „Liak". Es wurde am 31. Dezember 1940 mit dem Operettenfilm „Rosen in Tirol" eröffnet.

Im Inneren des Logengebäudes: der Meister-tempel der Loge „Ernst zum Compaß".

Am Ausgang der Stadt befanden sich an den Hauptverkehrsstraßen nach Erfurt, Eisenach, Langensalza und Ohrdruf Chausseehäuser und Schlagbäume. Hier wurde das Chausseegeld eingenommen. Auch das Chausseehaus an der Ohrdrufer Straße verlor nach 1870 seine Funktion. Es wurde um 1930 zur Tankstelle umgebaut und beim Luftangriff am 6. Februar 1945 zerstört. Vor 1870.

Im Jahre 1774 wurde die sogenannte Kunststraße nach Eisenach, die heutige Eisenacher Straße, gebaut. Kunststraßen bekamen einen festen Untergrund, da die Fahrzeuge seit Ende des 18. Jahrhunderts immer schwerer wurden. Ursprünglich verlief die Straße nach Eisenach über die Eschleber Straße in Richtung Trügleben.

2

Von der Wiege bis zur Bahre

Seit Beginn der Fotografie boten Familienfeste Anlässe, das Geschehen im Bild festzuhalten. Doch die Technik war noch nicht so weit entwickelt, daß Schnappschüsse gemacht werden konnten. Die gestellten Aufnahmen wirkten durch „stillhalten" und „lächeln", wie es der Fotograf befahl, manchmal verkrampft. Wie sich der Alltag im sozialen Leben verändert hat, so haben sich auch Familienbeziehungen und freundschaftliche Bindungen gewandelt. Die Feiern waren vor einem halben Jahrhundert weniger aufwendig, die Geschenke bescheidener und die Anzahl der Gäste geringer. Die Kirche spielte noch eine bedeutende Rolle im privaten Leben. Mit wenigen Ausnahmen gehörten die Gothaer seit der Reformation dem evangelischen Glauben an. Nach dem Ersten Weltkrieg nahmen unter dem Einfluß naturwissenschaftlicher Kenntnisse und der sich entwickelnden Freidenkerbewegung die Kirchenaustritte zu. Mit dem Zuzug von Flüchtlingen und Vertriebenen nach 1945 stieg der Anteil katholischer Bürger in Gotha.

Während des Ersten Weltkrieges im trauten Heim: der Stationsassistent a.D. und Zählerbeaufsichtiger Friedrich Eitel mit seiner Ehefrau und Schwiegertochter Fanny.

Clara Müller mit ihren beiden Enkeln Edeltraud Hafermann und im Taufkleid Helmut Tröber, 1924.

Laſſet die Kindlein zu mir kommen und wehret ihnen nicht; denn ſolcher iſt das Reich Gottes.

Edeltraud Hafermann

~~Sohn~~ Tochter des ~~Schlosser~~ Paul Ernst Walter Hafermann ift am 16. 11. 23 in Gotha geboren und am 9. 11 1924 in der Augustiner Kirche getauft worden.

Paul

Ausfahrt in der Klinge mit Marie Rebling, 1941. Es war üblich, daß Kinderwagen nicht nur für ein Kind benutzt wurden. Der Wagen stammte aus dem Jahre 1934 und hatte seitdem mehreren Kindern gedient.

Gisela Mark beim Füttern ihres Sohnes Lothar, der große Bruder Gert schaute zu. 1926. Der Kinderwagen war bereits 1916 für den ältesten Sohn gekauft worden.

Lothar Mark auf seinem Steckenpferd.
Um die Kleidung zu schonen, trugen
Mädchen und Jungen Schürzen. 1930.

Es gab 1920 in Gotha in der Gotthardstraße 5, in der Schützenallee 4 und in der Gartenstraße 9 Kindergärten. In dem Kindergarten von Margarethe Hesse, in der Bildmitte mit weißem und kränzchenbesticktem Kragen, in der Gartenstraße 9, arbeiteten neun Erzieherinnen und Hilfskräfte. Die Kinder kamen meist aus Haushalten von Geschäftsleuten. Die kleine Hilde von der Gärtnerei Offhaus gehörte dazu. Um 1922/23.

Helene Jägers Geburtstag am 9. Juni 1912 mit ihren fünf Cousinen und Freundinnen im Hof der späteren Gastwirtschaft „Ifflandquelle". Sie war die Tochter des Wirts. Die Gaststätte befand sich in der Grabenstraße, heute Teil der Ifflandstraße. Die Grabenstraße war nach dem Abschlagsgraben des Leinakanals benannt, der am „Parkpavillon" beginnt und in der Großen Fahnenstraße im Wiegwasser mündet. Heute ist er verrohrt.

Um Geld zu sparen, stellten Väter und Großväter Kinderspielzeug selbst her. Das hatte den Vorteil, daß es von ihnen auch repariert werden konnte und sie die Kinder anhielten, sorgsam damit umzugehen. Viele Spielsachen wurden an die Geschwister und sogar die nächste Generation weitergegeben. Helmut Tröber mit der Eisenbahn, die der Großvater angefertigt hatte. Weihnachten 1930.

Am 1. Juni wurde in der DDR regelmäßig der Kindertag gefeiert. Kinderfest 1950 im Hof von Schloß Friedenstein.

Mariechen und Hedwig Müller mit Thüringer Tragkörben und in Trachtenkleidern. 1913.

Die Augustinerkirche mit dem Klostergebäude. Die Stadtkirchgemeinde war vor dem Ersten Weltkrieg in Kirchsprengel für die Augustinerkirche und Margarethenkirche geteilt. Außerdem gab es die Schloßkirche für den Hof und die Anstaltskirchen Friedrichskirche und Hospitalkirche. 1910 gehörten von 39.553 Einwohnern 37.439 der evangelischen Kirche an.

Fronleichnamsfeier am 27. Mai 1932 im Wackerpark. 1864 gab es in Gotha 212 Angehörige der römisch-katholischen Kirche, 1933 gehörten ihr 1.548 Gothaer an. Die katholische Kirche in der Schützenallee wurde 1856 nach den Entwürfen des Architekten Gustav Eberhard gebaut.

Hedwig Müller, die Mutter der Autorin, 1914 als Konfirmandin. Die Eltern ließen anläßlich der Konfirmation ein Foto im Atelier Habermann machen. Gruppenaufnahmen von Konfirmanden gab es kaum, allenfalls nach 1960.

Seit den siebziger Jahren des 19. Jahrhunderts entwickelte sich Gotha zu einem Zentrum der deutschen Freidenkerbewegung. Träger war der Verein „Gothaer Freisinn". Die erste Jugendweihe in Gotha fand 1910 statt. Auf dem ältesten Foto einer Jugendweihe, 1918/19, stehend von links nach rechts: Goldhahn, Walter Ernst, Erika März, Göring, Schmidt, Hans Kister, Karl Hubert; sitzend: Klara Wagner, der Freidenkerlehrer Eberhardt, Lydia Steinbrück; davor sitzend Erich Schuchardt. 1875 gab es in Gotha 27 Atheisten, 1925 waren es bereits 4.236.

Zum Abschiedsball schenkten die Tanzstundenherren ihren Damen einen Blumenstrauß, die Damen revanchierten sich mit einer Erinnerungsschleife. Tanzstunde 1917, dritter von links in der mittleren Reihe Kurt Zangemeister.

Bis etwa 1918 erlernten sehr wenig Mädchen einen Beruf. Sie gingen zum Arbeiten in die Fabrik oder boten ihre Hilfsdienste für geringe Entlohnung als Haus-, Dienst- oder Kindermädchen an. Andere ließen sich im Nähen und in Hauswirtschaft unterrichten und gingen in die Haushalte zum Weißnähen, Kochen oder Waschen. Wenn das Einkommen des Vaters ausreichend war, konnten die unverheirateten Töchter in der Familie bleiben. Sie beschäftigten sich mit Fremdsprachen, Handarbeiten, Musizieren oder wirkten in Wohltätigkeitsvereinen. Die Frau des Architekten Ludwig Franz Carl Bohnstedt mit ihren Töchtern Ida und Ella.

Die bedeutendste Familienfeier war die (grüne) Hochzeit. Es wurde streng darauf geachtet, ob die Braut noch Jungfrau war, ansonsten durfte sie keinen geschlossenen Kranz tragen. Der Schneider Julius Tanz aus Apfelstädt heiratete um 1870/75 die Tochter des Hofschuhmachermeisters Jochel aus Gotha.

Trauschein für das Ehepaar Müller. Der Stempel oben weist auf eine Registrierung im Kreispolizeiamt hin, wohl bei der Ausgabe eines neuen Personalausweises, 1949.

Der Gymnasialzeichenlehrer und
Baumeister Louis Schmidt, links,
mit seinem Bruder beim Schach-
spiel. Schmidt war einer der ersten
Amateurfotografen in Gotha. Vor
1870.

Der Jurist Dr. Gottlob Schneider, Direktor der Gothaer Lebensversicherungsbank und Verfasser des „Gothaer Gedenkbuches", in seiner Wohnung, um 1910.

Oberhofprediger Gottfried Scholz mit seinem Sohn im Jahre 1909. Scholz war vom 1. Dezember 1890 bis 31. Dezember 1922 Oberhofprediger an der Schloßkirche und Seelsorger für Gefängnisinsassen. 1919 war er Mitbegründer der Deutsch-Nationalen Volkspartei in Gotha.

Goldene Konfirmation, um 1915. Die Konfirmanden des Jahrgangs 1865/66 stellten sich im gotischen Kreuzgang der Ausgustinerkirche dem Fotografen Hans-Georg Bräunlich.

Silberne Hochzeit von Clara und Albert
Müller mit den Töchtern Elisabeth, Hedwig
und Mariechen, 1920.

Rechts Neumarkt 4, daneben Haus Nummer 6 „Zum Schrapfen", wo das Bankhaus Strupp
seinen Sitz hatte. Es war 1899 anläßlich der Silberhochzeit von Herzog Alfred und Herzogin
Marie besonders festlich geschmückt. Das Haus „Zu den drei Spitzen" war eine Gaststätte.
Nummer 10 mit dem Geschäft des Kaufmanns Otto Schmidt hieß einst „Zur Trappe".

Oberbürgermeister Carl Heinrich Hünersdorf mit seiner Frau Sophie zur goldenen Hochzeit am 4. September 1894. Von 1854 bis 1890 stand er an der Spitze der städtischen Verwaltung. Unter seiner Amtszeit wurde 1855 die Gasbeleuchtung eingeführt, von 1858 bis 1877 die Grundstücks-bereinigung vorgenommen, 1873 eine Hochdruckwasserleitung und die Kanalisation sowie 1878 ein Krankenhaus gebaut. Im selben Jahr entstand die Feuerbestattungsanlage auf Friedhof V. Ihm zu Ehren wurde 1894 die Fleischgasse in Hünersdorfstraße umbenannt.

Im Jahre 1878 konnte das neue Krankenhaus in der Erfurter Landstraße eingeweiht werden. Bis zu 80 Kranke konnten stationär versorgt werden. Zum Personal gehörten einschließlich der Verwaltung 13 Mitarbeiter, darunter zwei Ärzte. Im Laufe der Jahre entstanden auf dem Gelände weitere Gebäude, die Zahl der Ärzte und Schwestern stieg. Ärzte und Schwestern des Krankenhauses, in der Mitte die Oberin Clara Zangemeister, um 1917.

Blick in den Brühl, links die Drogerie und die Gaststätte „Zum Königsaal", rechts das Städtische Altersheim. Das ehemalige Hospital Maria Magdalena beruhte auf einer Bestätigung des Landgrafen von Thüringen Ludwig IV. und seiner Gemahlin, der Heiligen Elisabeth, aus dem Jahre 1223.

Im Jahre 1534 wurde das Hospital Maria Magdalena städtisches Eigentum und diente seitdem als Altersheim. Um einen Platz zu erhalten, mußte ein relativ hohes „Einkaufsgeld" gezahlt werden. Ein Wohn-Schlafraum, um 1930/40.

Das Städtische Pflegeheim in der Erfurter Landstraße 31, um 1930. Es war einstmals das weit von der Stadt entfernte Leprosenhospital (für Leprakranke), auch Siechhof genannt. Wie das Hospital Maria Magdalena wurde es seit dem 16. Jahrhundert ein Altersheim, allerdings für arme Gothaer. Um die kärglichen Unterhaltskosten für die Armenanstalt aufzubessern, durften die Insassen an der Hauptstraße nach Erfurt mit dem Klingelbeutel sammeln.

Schlafraum für Männer im Städtischen Pflegeheim in der Erfurter Landstraße 31, um 1930. Neue Pflegeanstalten für alte Leute entstanden durch private Stiftungen. Der Postmeister Karl Schäfer hinterließ 1879 testamentarisch, aus seinen Mitteln ein Heim für arbeitsunfähige Männer zu errichten, das Schäferstift in der Schäferstraße. Für alleinstehende unverheiratete Frauen, allerdings nur aus dem Bürgertum, stiftete Therese Gayer 1895 das Heim in der Schützenallee. Das 1909 errichtete Pflegeheim in der Pestalozzistraße beruhte auf einer Stiftung von Oskar Blödner.

Bestattungsfeier für Oberbürgermeister Otto Liebetrau am 29. September 1928. Unter seiner Amtszeit von 1890 bis 1919 hatte sich Gotha zu einer bedeutenden Mittelstadt mit neuen Straßen, Wohnungs-, Schul- und Industrieneubauten entwickelt. Er engagierte sich dafür, daß der Galberg, Seeberg und die städtischen Anlagen zur sogenannten grünen Lunge Gothas wurden.

Ehrenwache am Totenbett für Wilhelm Bock, gestorben am 25. Juni 1931. Bock hatte den Vereinigungskongreß der Lassalleaner und Eisenacher in Gotha 1875 mit vorbereitet. Der gelernte Schuhmacher gab seit 1875 in Gotha das zentrale Gewerkschaftsorgan der Schuhmacher, den „Wecker", und seit 1877 für die Sozialdemokratie im Herzogtum den „Gothaer Volksfreund" heraus. Während des Sozialistengesetzes gewann er soviel Wählerstimmen, daß er als erster sozialdemokratischer Abgeordneter aus dem Herzogtum 1884 in den Reichstag einziehen konnte.

Gotha. Krematorium.

Mit der Ballung der Bevölkerung in großen Städten fand seit der zweiten Hälfte des 19. Jahrhunderts der Feuerbestattungsgedanke immer mehr Anhänger. Ein Aufsatz des Arztes Dr. Reclam
im „Gothaischen Tageblatt" vom 4. April 1874 gab den Anstoß zur Gründung eines Vereins für
Leichenverbrennung. Bei Anlage des neuen Friedhofes in der Langensalzaer Straße wurde 1878
die erste Leichenverbrennungsanlage Deutschlands errichtet.

Verbrennungsofen im Krematorium, um
1900. Finanzielle Mittel zum Bau des Krema-
toriums flossen aus anderen Ländern mit der
Bedingung ein, daß die Spender nach ihrem
Tod in Gotha eingeäschert werden. Deshalb
waren Leichen zur Feuerbestattung aus Öster-
reich, Rußland, Frankreich und sogar Amerika
nach Gotha überführt worden. Auch Bertha
von Suttner hatte ihren Ehemann in Gotha
bestatten lassen und testamentarisch verfügt,
selbst hier ihre letzte Ruhestätte zu finden.
Die Friedenskämpferin und Nobelpreisträgerin
starb kurz vor Kriegsbeginn am 21. Juni 1914
in Wien und wurde am 25. Juni in Gotha
eingeäschert.

3

Arbeitsalltag in der Industrie

Nach 1871 setzte in Gotha ein industrieller Aufschwung ein. Es entstanden neue Unternehmen und bestehende konnten sich teilweise beträchtlich erweitern. Die bedeutendste Entwicklung vollzog sich in der metallverarbeitenden, chemischen und holzverarbeitenden Industrie. Nach dem Zweiten Weltkrieg war die Industrie größtenteils in einem technisch schlechten Zustand oder durch Bomben zerstört. Im Frühjahr 1946 begann die Demontage von sechs ehemaligen Rüstungsbetrieben, um Reparationsansprüche zu erfüllen. Die Reparationsleistungen für die SU mußten überwiegend aus der sowjetischen Besatzungszone, SBZ, und aus den deutschen Auslandsguthaben in Osteuropa abgedeckt werden. Gleichzeitig erfolgte in der SBZ eine durchgreifende Industriereform, in der der private Großbesitz enteignet und eine staatssozialistische (volkseigene = VEB) Industrie aufgebaut wurde.

Die Ziegelei von Robert Friedrichs zählte zu den ältesten Betrieben in Gotha. Noch bis in die sechziger Jahre wurde vieles in Handarbeit verrichtet. 1946 war der Betrieb unter die Demontage gefallen, da in den Gebäuden ein Teil der Rüstungsproduktion anderer Betriebe verlagert worden war. Arbeit im abgekühlten Brennofen, um 1960.

Einen sprunghaften sozialen Aufstieg machte der Schlossermeister Fritz Bothmann. Seit 1883 stellte er Karussells, Luftschaukeln, Wohn- und Möbelwagen her. 1892 investierte der Kaufmann Glück sein Kapital in diesen Betrieb, der sich seitdem wesentlich vergrößern und auf den Bau von Straßenbahnen und Eisenbahnwaggons spezialisieren konnte. Kettenkarussell mit Luftschiffen von der Firma Bothmann, um 1910.

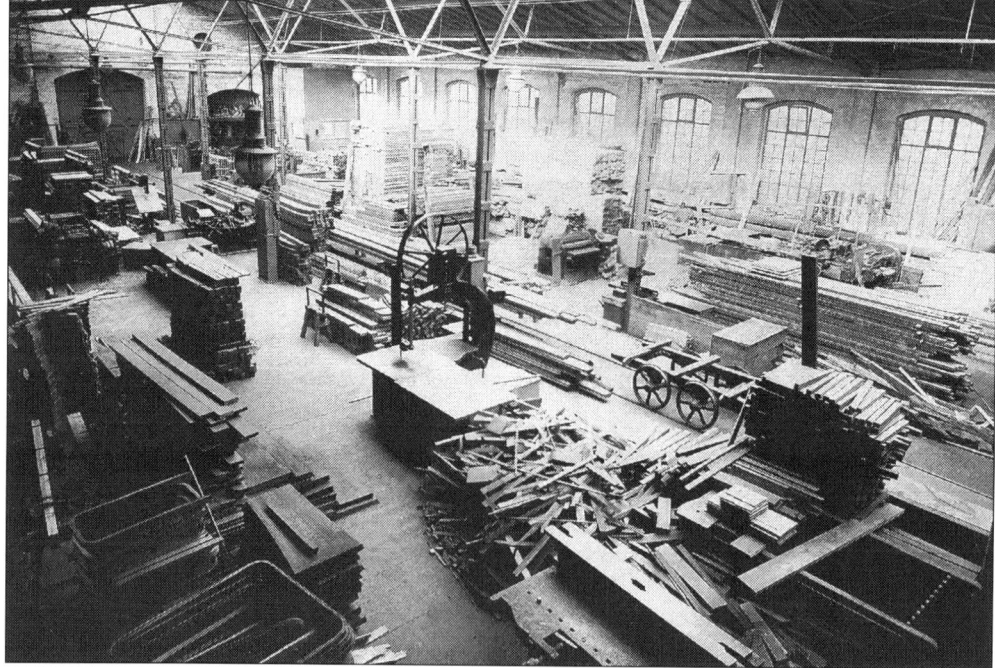

Die Abteilung Holzbearbeitung, 1905. Als das Bankhaus Strupp aus Gotha, die Privatbank und die Bayrische Bank München ihr Kapital in den Betrieb einbrachten, wandelte sich der Privatbetrieb von Bothmann in die Aktiengesellschaft Gothaer Waggonfabrik AG, die GWF.

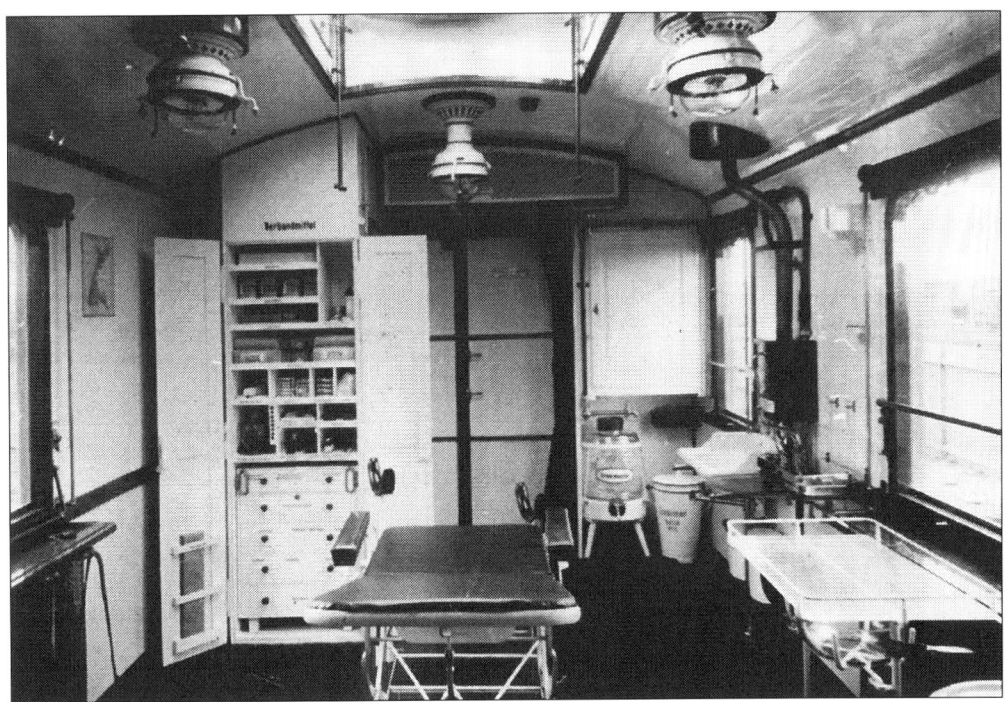

Außer Eisenbahnwaggons wurden in der Gothaer Waggonfabrik Wagen für spezielle Funktionen gebaut, wie Operationswagen, die auch im Krieg zum Einsatz kamen. 1910.

Die GWF spezialisierte sich 1912 auf den Flugzeugbau. Es wurden Eindecker mit wassergekühlten Motoren von 70 PS und während des Krieges Großflugzeuge gebaut. Mit Besatzung, Bomben, Maschinengewehr und Munition konnten diese bis zu 1.000 kg Nutzlast befördern und eine Geschwindigkeit bis zu 180 km/h erreichen. Die „Gothas" warfen seit 1916 Bomben auf London und andere südenglische Städte ab. Aber auch in Frankreich geriet der Name der Stadt durch die todbringenden „Les Gothas" in Verruf.

Albert Müller arbeitete von 1927 bis 1934 in der Abteilung Schmiede als Gesenkschlosser. Zwischenzeitlich wurde er wegen Auftragsmangel mehrmals entlassen. Er verdiente 1928 2.228,22 RM brutto im Jahr.

Kurt Zangemeister arbeitete in der GWF als Schweißer. Schweißarbeit an einem Waggonteil, um 1930.

Christian Reiß an der Fräsbank in der GWF, 1943. Als Spezialist war er nicht eingezogen worden. Er wohnte in Behringen und war täglich außer sonnabends von 5.30 bis 20.00 Uhr unterwegs. Am 24. Februar und 20. Juli 1944 warfen angloamerikanische Flugzeuge Bomben ab und zerstörten 80 % des Betriebes, u.a. auch den Arbeitsplatz von Reiß. 129 Menschen verloren dabei ihr Leben. Während der Luftangriffe flüchteten die meisten Arbeiter auf das freie Feld.

Enttrümmerungs- und Instandsetzungsarbeiten gehörten nach dem Zweiten Weltkrieg zu den ersten Maßnahmen in der GWF. Da dringend Transportmittel gebraucht wurden, mußten Straßenbahnen und LKW repariert werden. Die Wiederaufbauarbeit war jedoch wegen der Demontage des Betriebes wesentlich erschwert. Noch vorhandene Ausrüstungen mußten abgebaut werden, um die zerstörte sowjetische Industrie zu sanieren.

Die Waggonfabrik, der VEB Waggonbau, mußte mehrmals seine Produktion umstellen. Nach dem Bau von Schwerlastfahrzeugen wurden bis 1967 Straßenbahnen hergestellt. Endmontage der Straßenbahn.

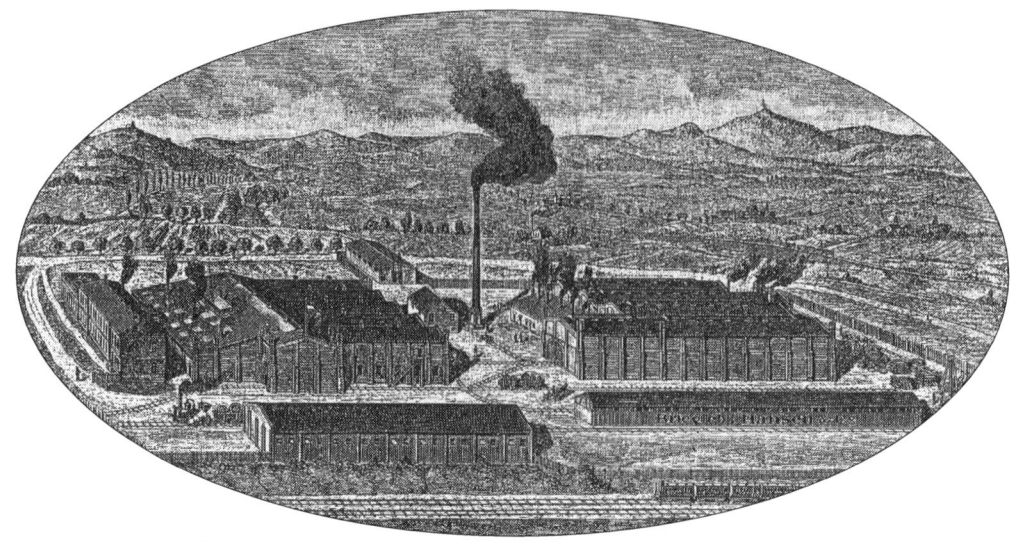

Die 1861 gegründete Eisengießerei und Maschinenfabrik von Briegleb, Hansen & Co in der Südstraße wurde durch ihre Turbinen, Aufzüge und Krane weit über die Landesgrenze hinaus bekannt.

Der Schlosser Albert Müller neben einem Kegelrad der Eisengießerei von Briegleb, Hansen & Co., das in einer englischen Zeitschrift vorgestellt wurde. Um 1925/27.

Zur Erfüllung von Reparationen sollten 1946 drei weitere Betriebe demontiert werden. Sie wurden jedoch in sowjetische Aktiengesellschaften umgewandelt: die Zahnräderfabrik Theodor Ehrlich, die Gothania-Werke (Zweigstelle) und die AG Blödner & Vierschrodt. Sie wurden 1947, 1950 und 1954 wieder in deutsches Eigentum überführt. Die Zahnräderfarbik von Theodor Ehrlich war unter dem Namen „Abus" bekannt. Blick in die Lehrlingswerkstatt, um 1950.

VEB Weiß- und Teerstrick, eine Arbeiterin bei der Abnahme des Spinnbandes an der Krempelmaschine, um 1960.

Es war schon außergewöhnlich, daß sich zwei Frauen aus der Industrie in Arbeitskleidung fotografieren ließen. Die Aufnahme zählt zu den seltenen Belegen aus der Zeit vor 1918. Rechts Martha Pfestorf als Gehilfin in der Bahnschlosserei der Reichsbahnreparaturwerkstatt, RAW. Bei dem Bombenangriff am 6. Februar 1945 wurde das RAW zu 85 % zerstört.

Bedeutendster chemischer Betrieb war die 1878 gegründete Gummiwarenfabrik und Schlauchweberei von Blödner & Vierschrodt, die Feuerwehrschläuche, Stopfen, Spunde, Pfropfen, Ringe, Manschetten und Gummischläuche herstellte. Der Firmengründer Kommerzienrat Oskar Blödner an seinem Schreibtisch. Das 1909 errichtete Pflegeheim in der Pestalozzistraße beruhte auf einer Stiftung von ihm.

Am 1. April 1958 entstand aus fünf Betrieben im Kreis Gotha der VEB Gummikombinat Thüringen. Arbeiter an der Presse für Formartikel, um 1960.

Der Buchhändler Johann Georg Justus Perthes gründete 1785 einen Verlag und gab den „Gothaischen Hofkalender" heraus, der unter dem Namen „Der Gotha" weltbekannt wurde. Ebenso bedeutungsvoll wurde das Unternehmen, als es sich auf Landkarten und geographische Literatur spezialisierte und Adolf Stieler für den Verlag arbeitete. Die Buchbinderei des Verlages von Justus Perthes, rechts im Bild „Stielers Handatlas", um 1900.

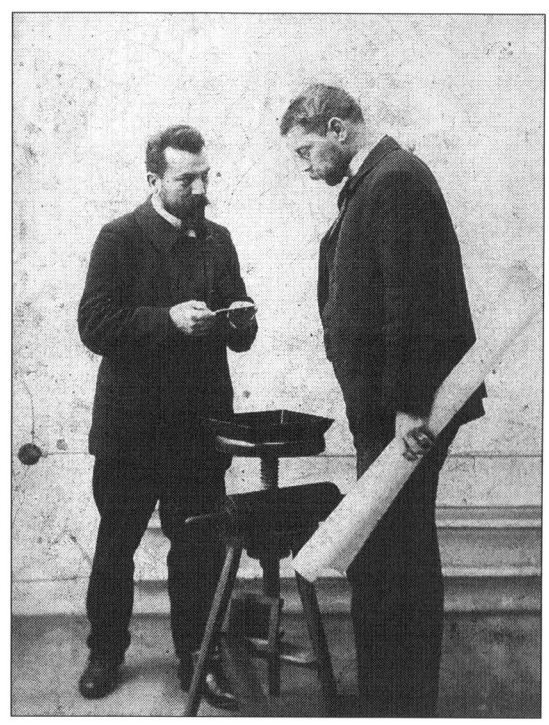

Verlagsdirektor Bernhard Perthes, rechts, und Paul Ihle, der Leiter der Lithographie, im Gespräch, um 1910.

Nachdem Verlagsdirektor Dr. Joachim Perthes mit seiner Familie Ende des Jahres 1952 die DDR verlassen hatte, wurde der Betrieb verstaatlicht. Nach dem Altmeister der Kartographie, Prof. Dr. Hermann Haack, erhielt er im Oktober 1955 den Namen VEB Hermann Haack, Geographisch-Kartographische Anstalt Gotha. Fließstrecke in der Buchbinderei, um 1960.

Vier Holzwarenfabriken gab es in den zwanziger Jahren in Gotha, darunter die Leiterfabrik und Holzhandlung von Karl Rühl in der Eschleber Straße. Der LKW der Firma Rühl, um 1935. Um diese Zeit waren bereits 160 LKW in Gotha zugelassen.

Im Jahre 1820 gegründete Ernst Wilhelm Arnoldi die Feuerversicherungsbank und 1827 die Lebensversicherungsbank, die noch heute unter dem Namen der Gothaer Versicherungen weltweit bekannt sind. Das neue Gebäude der Lebensversicherungsbank in der Bahnhofstraße 3a, projektiert von dem Architekten Bruno Eelbo, konnte 1894 seiner Bestimmung übergeben werden.

Bezirksdirektorenkonferenz der Gothaer Feuerversicherungsbank im April 1921.

Ein Angestellter am Schreibpult des Kassenraumes der Gothaer Allgemeinen Versicherungsbank, 1934.

Der Angestelle Klemm der Abteilung Haftpflicht der Gothaer Allgemeinen Versicherungsbank,
1934.

VEB Thüringer Öl- und Fettwerke, Speiseölabfüllanlage, die bis 1969 in Betrieb war.

Mitarbeiter des Energieversorgungsbetriebes Gotha bei der Kabellegung, um 1950/55.

Die Gothaer Gasanstalt wurde 1854 unter Kapitalbeteiligung der Stadt durch die Aktiengesellschaft für Gasbeleuchtung gegründet. Die ersten Gaslaternen auf der Basis von Holz- und später Steinkohlengas leuchteten bereits im Sommer 1855. Auch das Theater erhielt im selben Jahr eine Gasbeleuchtung.

Blick in den Hof des Hauptpostamtes Ende der zwanziger Jahre. Die Pakete wurden noch mit dem von Pferden gezogenen Postpaketwagen ins Haus gebracht. Seit April 1931 fuhren Postkraftwagen.

1889 entstand auf dem Gelände der Feuerversicherungsbank das neue Postamt mit einer Fernsprechanlage für das Stadtgebiet. Die Kuppeln der Post (vgl. S. 26) mit den Isolatoren der Leitungen wurden 1938 abgebaut. Nach der Errichtung des Fernsprechamtes 1924 konnte der Teilnehmer bei Stadtgesprächen die gewünschte Nummer selbst anwählen. Ende 1928 gab es in Gotha bereits 1.518 Hauptanschlüsse. Der Telegraphensaal im Postamt, 1951.

4

Von Meistern und ihren Werkstätten

Vor der Industrialisierung zählte knapp die Hälfte der Haushalte von Gotha zu den Handwerkern. Meist arbeiteten sie nur mit Familienangehörigen. Als 1863 mit der neuen Gewerbeordnung die Gewerbefreiheit im Herzogtum eingeführt und die hemmende Zunftordnung beseitigt wurde, vollzog sich ein großer Wandel im städtischen Kleinbürgertum. In Bereichen, in denen die Werkzeugmaschine einen großen Teil der Handarbeit ersetzen konnte, unterlag das Handwerk der Konkurrenz. In Gotha betraf das im letzten Drittel des 19. Jahrhunderts allein 27 Weber sowie Schuhmacher, Schneider, Kammacher, Seifensieder, Seiler, Gerber, Krawattenmacher. Das Handwerk fand dort ein Betätigungsfeld, wo eine industrielle Produktion (noch) nicht möglich war. Als in den fünfziger Jahren der „Aufbau der Grundlagen des Sozialismus" in der DDR begann, entwickelten sich Produktionsgenossenschaften des Handwerks, die PGH.

Vor der Massenproduktion von Schuhwerk in den Fabriken gab es Schuhmacher und Schuhflicker. Letztere waren weniger geachtet und durften nur Schuhe reparieren. Mit der Entwicklung von Schuhfabriken verloren viele Schuhmacher ihre Existenz. Nur einige konnten durch Reparaturen ihren Betrieb aufrechterhalten.

Schuster und Schneider zählten vor Einführung der Nähmaschine zu jenen Berufen, bei denen die jungen Meister beim Einstieg in das Handwerk kein großes Anfangskapital brauchten. Auch der letzte Türmer vom Margarethenkirchturm, Ernst Häferer, war Schuster und besaß nur wenig Werkzeug. Um seinen geringen Lohn aufzubessern, reparierte er Schuhe. Häferer mit seiner Frau im Wohn- und Arbeitsraum des Kirchturmes, um 1890.

In der Stadthalle fand im September 1950 die erste Leistungs- und Modenschau nach dem Krieg statt, auf der auch Walter Tröber ausstellte.

Auch nach Einführung der Nähmaschine war in der Maßschneiderei, im Gegensatz zur Konfektion, noch viel Handarbeit notwendig. Schneidermeister Walter Tröber, Vater der Autorin, in seiner Werkstatt beim Heften, um 1955.

Bäcker und Fleischer zählten zu den vermögendsten Handwerkern. Bäckerei von Otto Tenne-
mann in der Uelleberstraße 2/Ecke Dittesstraße, um 1912. Hinter dem Haus der Schornstein
für den Backofen.

Vor dem Ersten Weltkrieg gab es 53 Bäcker und Brothändler in Gotha, davon trugen allein
fünf den Namen Bonsack. Mit Verbreiterung der Jüdenstraße 1910 wurde auch das Haus von
Bäckermeister Ernst Bonsack, Hauptmarkt 22, abgetragen. Das Schild am Haus wies auf den
„Mehl- und Kleieverkauf" hin. Im Haus „Zur Hellebarde", Hauptmarkt 21, befand sich die
Gaststätte „Zur Rosenau". An der Ecke Jüdenstraße/Hauptmarkt war die Buchhandlung von
Ernst Friedrich Thienemann präsent. Um 1900/10.

Gothaer Wurst und Rauchfleischwaren-Fabrik

OTTO BLÖDNER

Gegründet 1868.

Telephon Nr. 361.

Herzogl. Sächs. Hoflieferant

Spezialitäten: Feine Wurstwaren und Schinken.

Versand das ganze Jahr hindurch nach allen Weltteilen.

Eigene Kühlanlagen.

Die Herstellung von Cervelatwurst in Gotha war Ende des 18. Jahrhunderts vom Metzgermeister Bufleb eingeführt worden. Begünstigt durch den zollfreien Handel begann Jahrzehnte später der Wurstwarenexport. Dazu wurden die Würste einzeln in Blechbehälter verpackt, die mit Rindstalg luftdicht abgeschlossen wurden.

Max Fischer spendete Kaninchenfleisch für das Lazarett auf Schloß Friedenstein. Er ließ sich mit seiner Familie fotografieren und von den Motiven Postkarten anfertigen. An einen Freund schrieb er am 16. Oktober 1914: „Teile Dir mit, daß wir am 10. d. M. die erste Lieferung von $1/2$ Zentner Kan. Fleisch an das Reserve-Lazarett auf Schloß Friedenstein, wo 270 Verwundete deutsche Helden aus allen Gauen des Reiches liegen, gemacht haben." Von Monat zu Monat ließ jedoch die Spendenbereitschaft und Euphorie der Gothaer immer mehr nach. 1917 starben viele Einwohner infolge Seuchen und Mangel an Lebensmitteln.

Zur Arbeit des Klempners gehörte ursprünglich die Fertigung von Lampen, Gefäßen u.a. Haus-
rat, sowie Dachrinnen und Abflußrohre. Mit der Einführung der Wasserleitung und Kanalisation erweiterte sich sein Tätigkeitsfeld auf Installationsarbeiten. Fotograf Hans-Georg Bräunlich
hatte in der Nachkriegszeit Klempner bei der Arbeit aufgenommen.

Schulreformer Andreas Reyher gründete in Gotha die erste Druckerei. Der Eingang in der Siebleber Straße anläßlich des 300jährigen Betriebsjubiläums im Jahre 1941.

Ehrung eines Mitarbeiters in der Engelhard-Reyherschen Hofbuchdruckerei zu seinem 25-jährigen Dienstjubiläum.

Wagen der Engelhard-Reyherschen Druckerei in einem Festumzug. Dabei wurde ein Schild mitgeführt, das auf die Situation im Handwerk hinwies: „Ihr sollt die Jünger Gutenbergs beglücken, indem am Ort ihr drucken laßt, doch dürft Ihr nicht zu sehr die Preise drücken, daß unser Handwerk länger nicht die Not erfaßt." 1941.

Ein Handwerksgeselle mit Bündel und Knotenstock stellte sich für den Fotografen in Positur. Noch bis in das 20. Jahrhundert war es üblich, daß Handwerksgesellen auf Wanderschaft gingen – sie nutzten die öffentlichen Verkehrsmittel – und ihre Kenntnisse und Fertigkeiten durch Arbeit in anderen Werkstätten vervollständigten.

Eintragungen bei dem **Eintritt** in das Arbeitsverhältnis.	der **Arbeitgeber** bei dem **Austritt** aus dem Arbeitsverhältnis.	13
7 Eintritt am *Okt. 23*	Austritt am *Mai 1924* †) 7	
Beschäftigung*) *Damenschneider*	Letzte Beschäftigung*) *Damenschneider*	
Unterschrift *Emil Schmieding*	Unterschrift *Emil Schmieding*	
Gewerbe	Gewerbe	
Wohnort *Münster*	Wohnort *Münster / Westf.*	
8 Eintritt am *Aug. 1924*	Austritt am *Jan 1930* †) 8	
Beschäftigung*) *Damenschneider*	Letzte Beschäftigung*) *Damenschneider*	
Unterschrift *Wilhelm Geihofer*	Unterschrift *Wilh. Geihofer*	
Gewerbe	Gewerbe	
Wohnort *Gotha*	Wohnort *Gotha*	

Arbeitsbuch des Schneidergesellen Walter Tröber, der von seinem Heimatort Hainichen/ Sachsen zu einem Schneidermeister nach Naumburg ging. Danach arbeitete er bei Otto Göring und Ernst Hoßfeld in Gotha, wo er seine künftige Frau kennenlernte. Anschließend fand er in Melle bei Hannover, in Münster und seit 1924 in Gotha Arbeitsstellen. In Gotha ließ er sich nieder, heiratete und gründete 1930 einen eigenen Handwerksbetrieb.

Drechslermeister Heinrich Kohlstock, der Großvater von Schuldirektor und Heimatschriftsteller Karl Kohlstock.

Als der Korbmacher und Eisenbahner Karl Ernst nach einem Betriebsunfall bei der Bahn invalidisiert wurde, eröffnete er in der Hützelsgasse 23 ein Korbwarengeschäft. Der Ladenbesitzer mit seinem Sohn Walter vor dem Schaufenster, hinter der Sitzgarnitur seine Frau, um 1914.

Das Wohnhaus und die Musikinstrumentenwerkstatt von Julius Rudolph, ehemals in der Löwenstraße 20, das den Neubauten in der Bohnstedtstraße weichen mußte. Die Werkstatt und Musikalienhandlung war 1872 von Julius Rudolph gegründet worden und wird heute vom Metallblasmusikinstrumentenmachermeister Johannes Keilwerth fortgeführt. Die Schornsteine im Hintergrund gehörten zum Stadtbad/Arnoldischule und zur Wurstwarenfabrik von Heinrich Auerbach in der damaligen Werderstraße.

Neben Metall- und Holzblasinstrumenten wurden von Rudolph auch Streichinstrumente hergestellt. Der Sohn Gotthard Rudolph mit einem in der Werkstatt gefertigten Streichinstrument, das wahrscheinlich nach Amerika versandt werden sollte.

Blechblasinstrumentenwerkstatt von Rudolph, vor 1914. Bis zu 15 Instrumentenbauer beschäftigte die Firma, z.T. Spezialisten aus Böhmen, dem Vogtland und Bayern. Es gab eine Messinggießerei für Beschläge und Maschinenteile. Die Schallstücke der Instrumente wurden mittels einer Drückbank produziert. Noten, Kataloge und Geschäftspapiere wurden in der kleinen Druckerei hergestellt.

Seiler verarbeiteten Hanf oder Flachs zu Stricken und Seilen. Das Rohmaterial wurde versponnen. Mehrere gesponnene Fäden wurden danach auf der etwa 50 m langen Seilerbahn zu Kardeelen gedreht, die dann zu Seilen geschlagen wurden. Seilermeister Wilhelm Thorwarth auf der Seilerbahn in der Schützenallee. In der um die Hüfte gewickelten Arbeitsschürze befand sich der Werkstoff zum Spinnen. 1929.

Die Rot- oder Lohgerber waren dort ansässig, wo der Leinakanal die ummauerte Stadt verließ. Auf den winzigen Grundstücken und in den kleinen Häusern befanden sich die Gerbergruben, Lagerräume, Galerien, Trockenböden und die Wohnung. Im Leinakanal wurden die Häute gereinigt. Der Gerbprozeß war mit unangenehmen Gerüchen verbunden und dauerte drei bis fünf Jahre. Mit Anlage der Wasserleitung vollzog sich das Reinigen der Häute im Haus. Gerbergasse um 1950, im Vordergrund der Plattengang, der seit 1885 den Kanal abdeckt.

Die Gründung von Produktionsgenossenschaften des Handwerks, PGH, hatten das Ziel, die Produktivität zu steigern und die Gewinne anteilmäßig an die Mitglieder auszuzahlen. Sechs Handwerksbetriebe mit 14 Beschäftigten vereinigten sich am 6. Juli 1956 zur PGH des Schneiderhandwerks „Fortschritt", der ersten PGH in Gotha. Maßabteilung in der Ernststraße, um 1957/58.

Die Konfektionsabteilung der PGH „Fortschritt", um 1957. In den ersten Jahren mußte noch mit Werkzeug und Maschinen gearbeitet werden, das die Meister in die PGH einbrachten. Als die Einnahmen stiegen, konnte die Ausrüstung modernisiert werden.

Mit der Vertreibung der Deutschen aus der Tschechoslowakei seit Mai 1945 kamen viele Gablonzer Schmuckwarenhersteller in den Kreis Gotha. Sie brachten ihre seit Generationen überlieferten Erfahrungen und Fertigkeiten ein sowie Werkzeuge und Kleingeräte mit. Aus dem glühenden Glasstab drückte der Glasdrucker an der Maschine, in der eine Matrize eingespannt war, jeweils vier Glasperlen oder Knöpfe. Die Rohlinge wurden weiter bearbeitet. Um 1960.

Annoncen aus dem „Branchen-Adreßbuch für Thüringen" aus dem Jahre 1950.

Am 23. Januar 1946 gründeten die ehemaligen Gablonzer die Einkaufs- und Lieferungsgenossenschaft, die ELG „Bijou". Die „Bijou" kümmerte sich nicht nur um die Beschaffung von Rohstoffen und Maschinen, sondern sorgte für den Absatz der Erzeugnisse aus den vielen kleinen Handwerksbetrieben. Der Genossenschaft gehörten in den ersten Jahren 200 bis 240 Betriebe mit 1.000 bis 1.500 Beschäftigten an. Mehr als die Hälfte der Betriebe konzentrierte sich in der Stadt Gotha. Mitarbeiter der Genossenschaft vor dem Verwaltungsgebäude Lindenauallee 2, um 1955.

Die Einkommenssteigerung und Vermögensakkumulation in der Glas- und Metallschmuckwarenherstellung veranlaßte die Regierung der DDR, auf Genossenschaftsbildung zu drängen. So traten 1958/59 die ersten 14 Betriebe aus der ELG „Bijou" aus und gründeten vier Produktionsgenossenschaften des Handwerks. Im Januar 1967 wurde auch die ELG „Bijou" in eine PGH umgewandelt. In der PGH beim Perlenfädeln, um 1965.

Die PGH „Leder" entstand 1959 und übernahm neben der Neuanfertigung von Lederbekleidung vor allem Reparaturen.

Lehrlingsausbildung in der PGH des Bauhandwerks im Jahre 1964.

5

Händler, Wirte und Kunden

Zentrum des Handels war noch bis in das 20. Jahrhundert der Markt. Im heutigen Rathaus, 1574 als Kaufhaus gebaut, wurden die großen Geschäfte der Waid-, Tuch-, und Getreidehändler betrieben. Dort boten auch Handwerker ihre Ware an. Im „Gewölbe" wurde Tuch und auf den Brotbänken Brot verkauft. Naturalien, wie Butter, Käse, Eier oder Milch, gab es auf dem Buttermarkt. Hier befanden sich auch die Fleischbänke. Jeder Fleischermeister besaß eine Fleischbank, eine Bretterbude mit Ladenklappe. Auf den sogenannten Jahrmärkten reichte das Angebot von Textilien bis zu Zuckerwaren. Geschäfte mit Verkaufsräumen haben sich erst im 19. Jahrhundert entwickelt. Zuerst wurde am Fenster verkauft. Nach Feierabend wurde der „Fensterladen" geschlossen. Später entstand der Verkaufsraum mit Ladentisch. Der Verkäufer legte dem Kunden die Ware vor. Seit Mitte des 20. Jahrhunderts gibt es Selbstbedienungsläden.

Mit Pferdewagen, Handwagen oder sogar nur in Kiepen hatten die Bauern, Gärtner und Klein-händler ihre Ware auf den Wochenmarkt am unteren Hauptmarkt gebracht. Die Aufnahme hatte der Fotograf Hans-Georg Bräunlich 1927 gemacht.

Der untere Hauptmarkt hieß noch im 19. Jahrhundert Jacobsplatz, weil hier bis 1567 die Jacobs-
kapelle stand. Das Haus hinter dem Schellenbrunnen nannte sich „Zur Goldenen Schelle" und
war ein Gasthof mit einer Ausspanne, mit Ställen für Pferde. Links das Schild wies auf die Essig-
Sprit-Fabrik von Ernst Engelhard hin. Die Nachbarhäuser rechts hießen „Zur Silbernen Schelle"
und „Zur Löwenburg". Als Martin Luther 1537 von der Beratung des Schmalkaldischen Bundes
todkrank nach Gotha kam, wohnte er bei dem Steuereinnehmer Johannes Lebe (Löwe) in der
Lebenburg. Hier diktierte er sein erstes Testament und wollte in Gotha begraben werden. Das
Motiv wurde vor 1868 aufgenommen.

Es gab Märkte mit speziellen Angeboten, wie mit Töpfen, Kübeln oder Hausgerätschaften aus Holz. Einmal im Jahr war Ferkelmarkt, auf dem Jungtiere verkauft und gekauft werden konnten. Der Fotograf Hans-Georg Bräunlich hatte das Marktreiben um 1930 im Bild festgehalten.

Bis 1939 wurden zur Zeit des Jahrmarktes auf dem Buttermarkt Kübel der Böttcher aus Georgenthal, Catterfeld und Altenbergen angeboten. 1938.

Gemüsemarkt auf dem Klosterplatz, um 1900/10. Gärtner und Bauern der Umgebung boten Gemüse, Obst und Küchenkräuter an. Gegenüber der Augustinerkirche befanden sich die Buchhandlung von Karl Schwalbe in der Jüdenstraße 25, das Farbengeschäft von Theodor Koch und der Laden des Uhrmachers Theodor Weißenborn am Klosterplatz 7, Bildrand rechts.

Hauptmarkt mit Gemüseständen, links die Gemüseverkäuferin Else Schröter, genannt Rapünz-chenelse, rechts die Handlung für Schuhmacher- und Sattlerbedarf Krippendorf, daneben „Haus I" der HO Lebensmittel. Ende der fünfziger Jahre.

Kurt Siebensohn, wahrscheinlich der Sohn des Wild- und Geflügel-händlers Bertold Siebesohn in der Schwabhäuser Straße 10, vor der Geflügelschlachtstelle auf dem But-termarkt, 1926.

Auf dem Buttermarkt wurde von Töpfern aus Thüringen Irdenware angeboten, um 1900. Die Frau links hat einen Kindertragemantel umgehängt.

Erfurter Straße 1-9 mit Blick zum Neumarkt. Vor dem Margarethenkirchturm das „Hotel
Wünscher". In Nummer 3 befand sich die Bäckerei von Emil Gessert; daneben die Häuser der
Kaufleute Julius und Sally Israelski mit der Mode- und Schnittwarenhandlung von M. Conitzer
& Söhne. Am Eingang der Pfarrgasse ein Dienstmann mit seinem zweirädrigen Lieferwagen.
Links die Gleise der 1894 eröffneten Straßenbahn und die Postkarten Centrale von Alexander
Gimm, aus der der Postkartenverlag von Albert Horn hervorging. Um 1900.

Erfurter Straße mit Blick zum Arnoldiplatz. In der Erfurter Straße 9 befanden sich das Herren-
garderobe- und Schuhwarengeschäft von Lina und Louis Feige sowie die Gaststätte „Deut-
scher Hof" Nummer 9-11 mit der Kutsche vor dem Eingang. Die Erfurter Straße endete mit
den Geschäftshäusern des Bäckermeisters Wilhelm Bonsack, links, und den Manufaktur- und
Modewaren des Kaufmanns Heinrich Feldmann, rechts. Um 1900.

Die Bayerische Schuhfabrik hatte in der Querstraße 21 bei Paul Schröner eine Zweigstelle. Nicht nur im Schaufenster, sondern auch im Torbogen waren die Stiefel zur Schau gestellt. Daneben befand sich der Laden des Kaufmanns Franz Blume. Um 1900/05.

Hauptmarkt 15, das Haus „Zu den zwei Helmen", um 1950. Das gotische Portal, datiert 1542, gehört zu den wenigen Bauelementen, die von den großen Stadtbränden des 17. Jahrhunderts verschont geblieben waren. Bis zur Reform des Brauwesens durch Ernst Wilhelm Arnoldi besaßen die großen Bürgerhäuser die Braugerechtigkeit im Reihenbrauen. Wenn frisches Bier gebraut war, wurde in das Loch über dem Portal, rechts oben, das Brauzeichen gesteckt. Links an der Wand klebt ein Plakat „Internationales Buchenwaldtreffen".

Margarethe Lehmann in ihrem Lebensmittelgeschäft am Hauptmarkt 18/Ecke Augustinerstraße, um 1937. Die Aufnahme war ein Weihnachtsgeschenk ihres Ehemannes. Außerdem bekam sie noch „Gamaschen, Müffchen, ein Portemonnaie und einen warmen Pelzkragen" geschenkt, wie sie ihrer Mutter mitteilte.

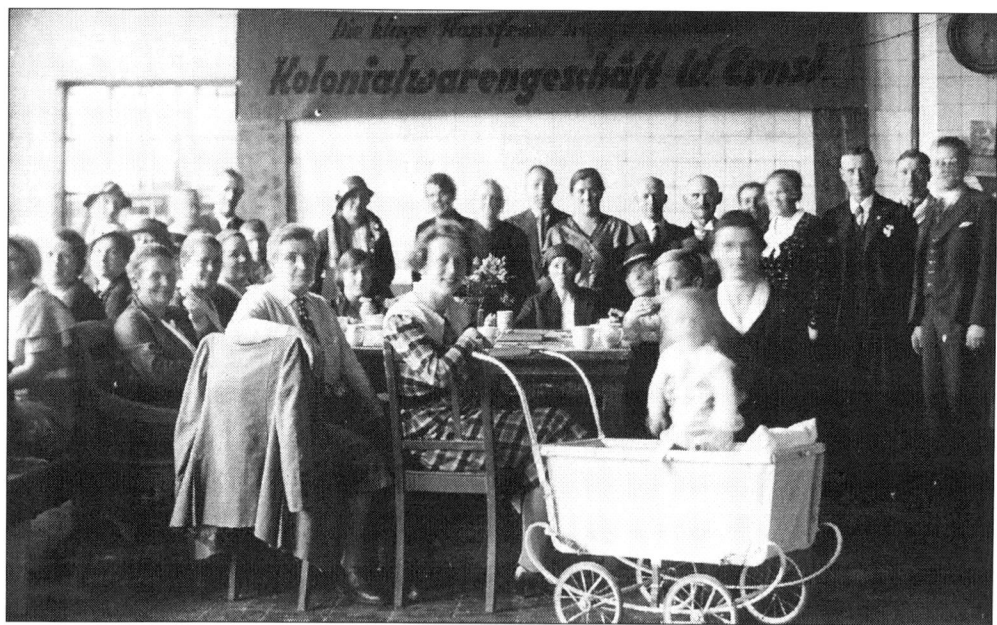

Im Jahre 1873 hatten 15 Gothaer Familien einen Wareneinkaufsverein gegründet, aus dem sich der Konsumverein entwickelte. 1913 besaß der Konsumverein bereits elf Läden in Gotha. Kaufmann Walter Ernst betreute die Konsumfiliale in Remstädt. Einmal im Jahr fuhr er seine Kunden mit einem Bus zu einer Werbeveranstaltung zum Sitz des Bezirkskonsumvereins Thüringen-Mitte in die Gayerstraße 45, wo sie kostenlos mit Kaffee und Kuchen bewirtet wurden.

Die Aufnahme entstand 1943 anläßlich des 50jährigen Jubiläums der Firma Otto Böhm, Marktstraße 11. Hinter dem Ladentisch des Lebensmittelhauses stand das Personal, vor der Leiter Otto Böhm, daneben seine Frau im dunklen Kleid. Das Geschäft war von 1951 bis 1991 Konsumverkaufsstelle.

Am 21. Dezember 1948 wurden am Hauptmarkt 24 und 27 die ersten „Freien Läden" eröffnet. Daraus entwickelte sich die staatliche Handelsorganisation, HO. Als am 28. Mai 1958 die Lebensmittelrationierung aufgehoben wurde, konnten Selbstbedienungsverkaufstellen eingerichtet werden. Die erste dieser Art der HO Lebensmittel entstand in der Hünersdorfstraße/Ecke Querstraße. Die Aufnahme stammt von Walter von Erckert, 1954.

Gemüsestand der Gärtnerei von Artur Offhaus vor dem Rathaus, um 1933/34. Die Ware wurde mit dem Handwagen zum Markt gefahren. Links im Bild der Kandelaber, dahinter die Straßenbahn, die vom Brühl durch die Marktstraße, Erfurter Straße fuhr. Rechts der „Würstchenmann" Emil Lieder, dahinter die Innungshalle mit der Buchhandlung und Leihbücherei von Carl Glaeser.

Annonce aus dem „Gothaer Gedenkbuch".

Die Buchhandlung Thienemann befand sich am Hauptmarkt 23.

Der Buchhändler Ernst Friedrich Thienemann und seine Frau Auguste, die Tochter des Buchhändlers und Verlegers Friedrich Christoph Perthes.

Zum Sortiment eines Lebensmittelgeschäftes gehörten u.a. Zucker, Grieß, Essig, Senf, Salz, Gewürze, Petroleum, Soda, Seifenpulver, Scheuersand, Tabakwaren. Alles wurde in Säcken, Eimern, Kisten oder Ballons angeliefert. Auch die Kolonialwaren, wie Kakao, Tee, Kaffee, der selbst geröstet wurde, kamen in großen Behältnissen in die Läden. Es gab Kaufleute, die einige Waren selbst herstellten. Dazu gehörte Curt Mark, der Sauerkraut, saure Gurken, Marmelade, grüne Bohnen und Spinat bis zur Rationierung aller Lebensmittel 1941 einweckte bzw. einlegte. Vor dem Geschäft Schützenberg 21 die beladenen Wagen mit Weißkohl für die Sauerkrautproduktion.

Sauerkrautproduktion auf dem Grundstück Schützenberg 21. Dritter von links Curt Mark mit geschnittenem Kraut. Dahinter das überdachte Faß von 2 m Durchmesser, in dem ein Arbeiter mit Gummistiefeln das Kraut stampft. Die beiden Söhne Gert, am Pfeiler stehend, und Lothar Mark, sitzend rechts, waren in die Arbeit einbezogen. 1934.

Wenn auf dem 500 m entfernten Schützenplatz Schausteller waren, nahm Curt Mark
bei ihnen Bestellungen auf. Anschließend
wurde die Ware mit dem Handwagen
geliefert. Curt Mark und sein Sohn Lothar
kamen nach dem Anliefern vom Rummel-
platz zurück. Fuhren die Schausteller von
Gotha ab, kauften sie sogar bei Marks Kon-
serven auf Vorrat.

Feinstes Delikatess-

Sauerkraut

eigener Herstellung nach Hausfrauenart

Vorzüglich im Geschmack und wohlbekömmlich

Heinrich Mark

Inh.: Curt Mark

Schützenberg 21 **Gotha** Fernruf 2976

Kolonialwaren

Kaffee-Rösterei mit elekt. Betrieb

Eigene Herstellung von Marmeladen u. Konserven.

Beschriftung auf der Sauerkrauttüte. Curt Mark war bekannt für sein gutes Sauerkraut.

Im Haus „Zum Palmbaum" am Hauptmarkt 26 hatte Leopold Gams im letzten Vier-
tel des 19. Jahrhunderts eine Weinhandlung
mit Delikatessengeschäft gegründet. Vor dem
Ersten Weltkrieg leitete Paul Kretschmar das
renommierte Geschäft.

Jeder Verein tagte in einem Stammlokal, wie die Rosegesellschaft beim Gastwirt Otto Rose in
der Schwabhäuser Straße 30. Ihr gehörten überwiegend Kaufleute an, wie der Besitzer der Absatz-
fabrik Paul Fahr, der Kaufmann Gustav Strupp, der Besitzer der Engelhard-Reyherschen Hofbuchdruckerei Paul Matthaei, der Kaufmann Franz Blume, Albin Nehrlich von der Stollbergschen
Buchdruckerei, der Eisenwarenhändler Lorenz Lange und die Kaufleute Rudolf Hecker und
August Zwintscher (Weinhandlung Leopold Gams). Anfang 20. Jahrhundert.

1810 entstand am Ausgang der Siebleber Straße die „Limonadière", eine Gaststätte für erfrischende Getränke mit einem „Kaltwasser- und russischen Dampfbad", später „Bayerisches Bierhaus". 1912 wurde auf dem Grundstück das „Schloßhotel" gebaut. Unter den Nationalsozialisten sollte das Hotel eine pompöse Absteige für die Staatsgrößen werden. Doch während des Krieges ruhten die Arbeiten. Erst in der DDR-Zeit konnte die Investruine als Verwaltungsgebäude ausgebaut werden.

Der „Parkpavillon" in der damaligen Parkallee 3 war 1875 auf dem Gelände des „herrschaftlichen Holzhofes" entstanden. Das war der herzogliche Lagerplatz für das auf dem Leinakanal nach Gotha geschwemmte Holz. Die Gaststätte mit dem „größten und romantischsten Garten Gothas und Umgebung", wie es in einer Annonce hieß, erhielt 1883 einen Saalanbau, der von 1945 bis 1973 als Theater diente.

Gasthof „Zum Schützen" am Schützenberg 6. Die Namensgebung der Gegend war von den Gothaer Armbrustschützen abgeleitet, die im 15. Jahrhundert ihre Übungen außerhalb der Stadtmauer abgehalten hatten. Im Ersten Weltkrieg dienten das Haus, wie auch das Schießhaus und der „Parkpavillon" als Lazarett. Nach 1945 war hier eine Abteilung des Städtischen Krankenhauses und bis in die sechziger Jahre die Entbindungsstation eingerichtet. Deshalb hieß das Haus auch „Storchenhaus".

Die 1904 gegründete Reformhausgenossenschaft hatte 1905 im Brühl 19 eine Gaststätte eröffnet, die nur alkoholfreie Getränke anbot. Zu den Initiatoren der Abstinenzbewegung gehörte auch der Schuldirektor Karl Kohlstock. Wenige Jahre später zog das „Neudeutsche Erholungsheim" in die Schwabhäuser Straße 24.

6

Von Schulen, Schülern und Schulmeistern

Der erste bedeutende Lebensabschnitt begann im siebenten Lebensjahr zu Ostern mit der Schuleinführung. Seit 1941 war der Schuljahresbeginn auf Anfang September festgesetzt worden. Jungen und Mädchen wurden streng voneinander getrennt erzogen. Die Klassenkapazität betrug 50 und mehr Plätze. Als zwischen 1871 und 1900 die Bevölkerung von Gotha um rund 60 % gewachsen war, mußten neue Schulgebäude errichtet werden: 1876 die Realschule in der Schützenallee, 1881 die Gotthard-, 1892 Löffler- und 1900 Reyherschule. Das höhere Schulwesen erhielt mit dem Seminar-Gebäude 1888 sowie der Baugewerbeschule und der Arnoldischule 1911 repräsentative Häuser. 1891 wurde die Fortbildungsschule gegründet und die Berufsschulpflicht vorerst für Knaben bis zum 18. Lebensjahr eingeführt. Nach dem Zweiten Weltkrieg waren die meisten Schulen beschädigt, als Lazarett oder Flüchtlingslager verwendet worden. In der SBZ wurden private Lehranstalten geschlossen und ein einheitliches Schulsystem aufgebaut. Nach 1971 und bis Ende der 80er Jahre wurden in Gotha zehn neue Schulgebäude errichtet.

Eine Mädchenklasse mit Schülerinnen der Geburtsjahrgänge 1868/69 vor der Arnoldischule. Das Gebäude in der Schützenallee war 1876 für die Realschule errichtet worden und heißt heute Lutherschule.

ABC-Schützen der Lutherschule nach der Schuleinführung in der Turnhalle der Gotthardschule. Mit ihren Eltern und Verwandten gingen sie nach der Feier am 8. April 1932 in ihre
Klasse zur Lutherschule, wo die Zuckertüten überreicht wurden. Im Hintergrund das Haus links
ist der Arnoldiplatz 1. Der Pfeil weist zur Tankstelle am Eingang des Mohrenberges.

Die Schulkinder von 1932 bekamen meist nur eine Zuckertüte. Edith Ludwig, dritte von links,
ließ sich mit ihren Schulfreunden fotografieren. Zur Ausrüstung für die ersten Klassen gehörte
die Schiefertafel mit Schieferstiften, Schwamm und Lappen, der am Schnürchen aus dem
Schulranzen hing.

Schüler der Klasse IX b der Realschule, Ostern 1914. Die Klassenzählung begann rückwärts. Der Schüler, der die erste Klasse oder Prima verließ, hatte alle Stufen erreicht.

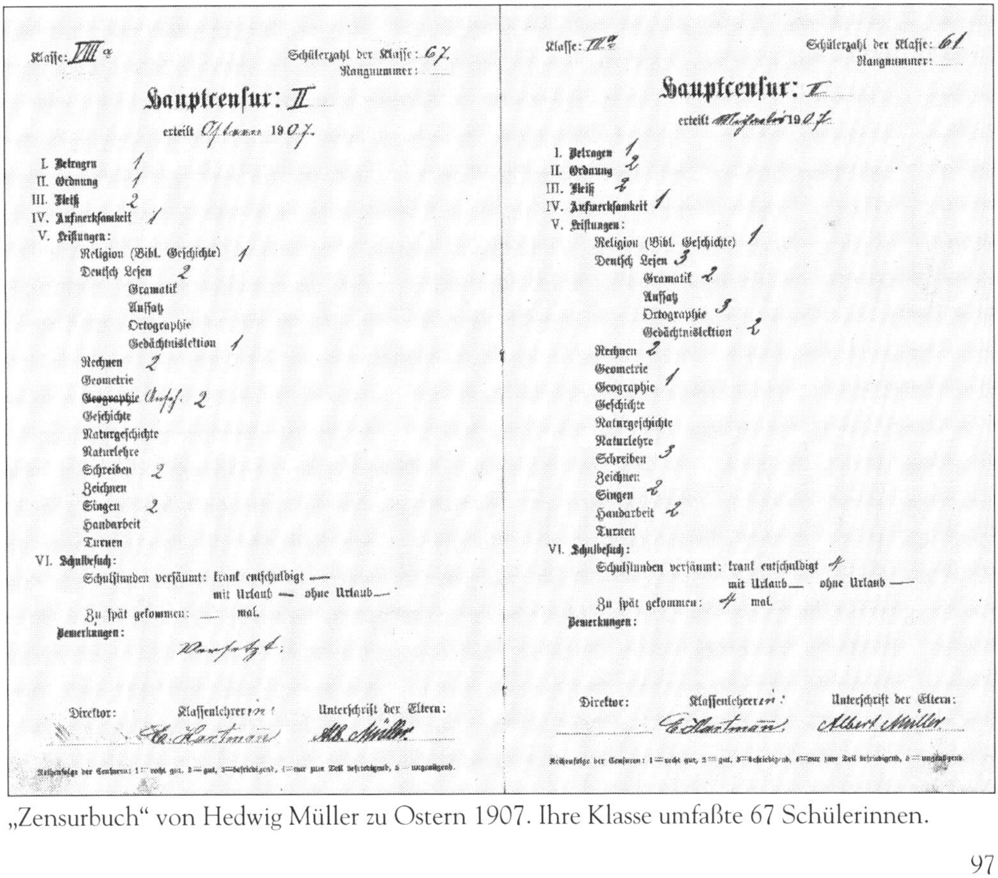

Klaſſe: VIII a		Schülerzahl der Klaſſe: 67
		Rangnummer:

Hauptcenſur: II

erteilt Oſtern 1907.

I. Betragen	1
II. Ordnung	1
III. Fleiß	2
IV. Aufmerkſamkeit	1
V. Leiſtungen:	
Religion (Bibl. Geſchichte)	1
Deutſch Leſen	2
Gramatik	
Aufſatz	
Ortographie	
Gedächtnislektion	1
Rechnen	2
Geometrie	
Geographie Aufſ.	2
Geſchichte	
Naturgeſchichte	
Naturlehre	
Schreiben	2
Zeichnen	
Singen	2
Handarbeit	
Turnen	
VI. Schulbeſuch:	

Schulstunden verſäumt: krank entſchuldigt —
mit Urlaub — ohne Urlaub —

Zu ſpät gekommen: ___ mal.

Bemerkungen:

Nachgefolgt.

Director:	Klaſſenlehrerin:	Unterſchrift der Eltern:
	A. Hartmann	Alb. Müller

Reihenfolge der Cenſuren: 1 = recht gut, 2 = gut, 3 = befriedigend, 4 = nur zum Teil befriedigend, 5 = ungenügend.

Klaſſe: IX a		Schülerzahl der Klaſſe: 61
		Rangnummer:

Hauptcenſur: I

erteilt Michaelis 1907.

I. Betragen	1
II. Ordnung	2
III. Fleiß	2
IV. Aufmerkſamkeit	1
V. Leiſtungen:	
Religion (Bibl. Geſchichte)	1
Deutſch Leſen	3
Gramatik	2
Aufſatz	
Ortographie	3
Gedächtnislektion	2
Rechnen	2
Geometrie	
Geographie	1
Geſchichte	
Naturgeſchichte	
Naturlehre	
Schreiben	3
Zeichnen	
Singen	2
Handarbeit	2
Turnen	
VI. Schulbeſuch:	

Schulstunden verſäumt: krank entſchuldigt 4
mit Urlaub — ohne Urlaub —

Zu ſpät gekommen: 4 mal.

Bemerkungen:

Director:	Klaſſenlehrerin:	Unterſchrift der Eltern:
	A. Hartmann	Albert Müller

Reihenfolge der Cenſuren: 1 = recht gut, 2 = gut, 3 = befriedigend, 4 = nur zum Teil befriedigend, 5 = ungenügend.

„Zensurbuch" von Hedwig Müller zu Ostern 1907. Ihre Klasse umfaßte 67 Schülerinnen.

Beim Luftangriff auf das Bahnhofsviertel war auch die Löfflerschule beschädigt worden. Die Aufnahme zeigt ein renoviertes Klassenzimmer vom August 1950. Die nach dem Krieg eingesetzten Igelitplatten, Igelit war ein durchsichtiger Kunststoff, waren schon durch Fensterglas ersetzt worden.

Die Abortanlagen der Hilfsschule in der Augustinerstraße befanden sich noch bis in die Mitte des Jahrhunderts auf dem Hof. Die Schule war im ehemaligen Amtshaus, einem Verwaltungsgebäude, untergebracht. Die Schüler hießen spöttisch Amtiller. Um 1950.

Da es nach 1945 weder Material noch finanzielle Mittel für Schulneubauten gab, konnten die
Schulen nur umgebaut und erneuert werden. Ein renoviertes Klassenzimmer der Ostschule in
der Langensalzaer Straße. In der Ecke hing die Fahne der Pionierorganisation. 1950.

Während des ganzen Schuljahres gab es Schülereinsätze. Die Kinder wurden als Sammler der
lästigen Kartoffelkäfer oder als Helfer bei der Kartoffelernte gebraucht. Es gab Prämien und
Belobigungen für das Sammeln von Altpapier, Glas oder Schrott. Schüler der Myconiusschule
mit ihrem Lehrer bei einer Schrottsammlung. 1959.

Im Jahre 1948 fand auf dem Boxberg das erste Kinderferienlager der Stadt Gotha nach dem Krieg statt. Bei der Essenausgabe.

Täglich wurden die Kinder mit der Waldbahn auf den Boxberg gefahren. 1948.

Helmut und Helga Tröber mit voller Konzentration über ihren Schularbeiten. 1942/43. Auch nach 1945 wurde noch in den untersten Klassen mit dem Griffel auf der Schiefertafel geschrieben, zumal Schreibpapier knapp war.

Die Kurrende am unteren Markt. Mittwochs und samstags sangen Chorschüler des Gymnasium Ernestinum vor den Häusern wohlhabender Bürger und sammelten für ihren Unterhalt während ihrer Schulzeit.

Die Familie des Direktors der Realschule, seit 1916 Oberrealschule, Prof. Dr. Carl Rohrbach. Unter seiner Regie entstand 1911 das Gebäude der Arnoldischule in der Eisenacher Straße.

Rohrbach hatte sich 1905 auf seinem Privatgelände am Galbergsweg 6 eine Sternwarte errichten lassen. Der 30 m hohe Turm aus Stahlbeton zählt zu den ersten Bauwerken dieser Fertigungstechnik in Thüringen. Um Schwingungen zu vermeiden, steht der Refraktor innerhalb des Turmes auf einer eigenen Säule, die im Erdgeschoß gegründet war.

9. Boxbergturnfest der Realschule, Gotha, Sedan 1908.

Regelmäßig veranstaltete die Realschule ihre Turnfeste auf dem Boxberg. Der Lithograph und Amateurfotograf Paul Friedel hatte die Gruppe fotografiert und eine Postkarte gestaltet. Das Signet auf der Fahne wies mit den vier F auf die Turnbewegung im Sinne Friedrich Ludwig Jahns hin: „Frisch Fromm Fröhlich Frei".

Realschulturnfest auf dem Boxberg im Jahre 1911. Start zum Lauf.

Das Gebäude der Arnoldischule in der Eisenacher Straße, wie auch das 1908 gebaute Stadtbad waren von Stadtbaurat Wilhelm Goette projektiert worden. Beide Einrichtungen erhielten
eine gemeinsame Heizanlage. Beim Bau des Schornsteines hinter dem Stadtbad.

Schuldirektor Karl Kohlstock mit seiner Frau Gertrud und den Kindern Karl und Elisabeth. Kohlstock war der Verfasser der 30 heimatkundlichen Wanderheftchen „Entdeckungsreisen in der Heimat", die seit 1926 erschienen.

Gotthardtstraße 9/Ecke Mühlgrabenweg. Der Buchbinder Johann Wilhelm Lang kam während seiner Wanderschaft nach Gotha und heiratete 1851 in die Hennickesche Buchbinderei ein. Seine Werkstatt entwickelte sich zur bedeutendsten in Gotha, so daß er 1893 der Stadt Gotha 41.000 Mark u.a. „zur Errichtung einer Haushaltungs- und Kochschule für unbemittelte Mädchen" stiften konnte. In das 1897 errichtete Schulgebäude zog auch die Stadtbibliothek ein, die aus einer weiteren Stiftung von Wilhelm Lang hervorging.

Es gab verschiedene Privatschulen in Gotha. In der Friedrich-Jacobs-Straße 3/Ecke Waschgasse befand sich seit 1849 das von der Pädagogin Alix Humbert gegründete Herzogin-Marie-Institut für „Mädchen der gebildeten Stände". Um 1895.

Ein Salon innerhalb des Hauses Friedrich-Jacobs-Straße 3, wo die jungen Damen ihre Freizeit verbringen konnten. Um 1890.

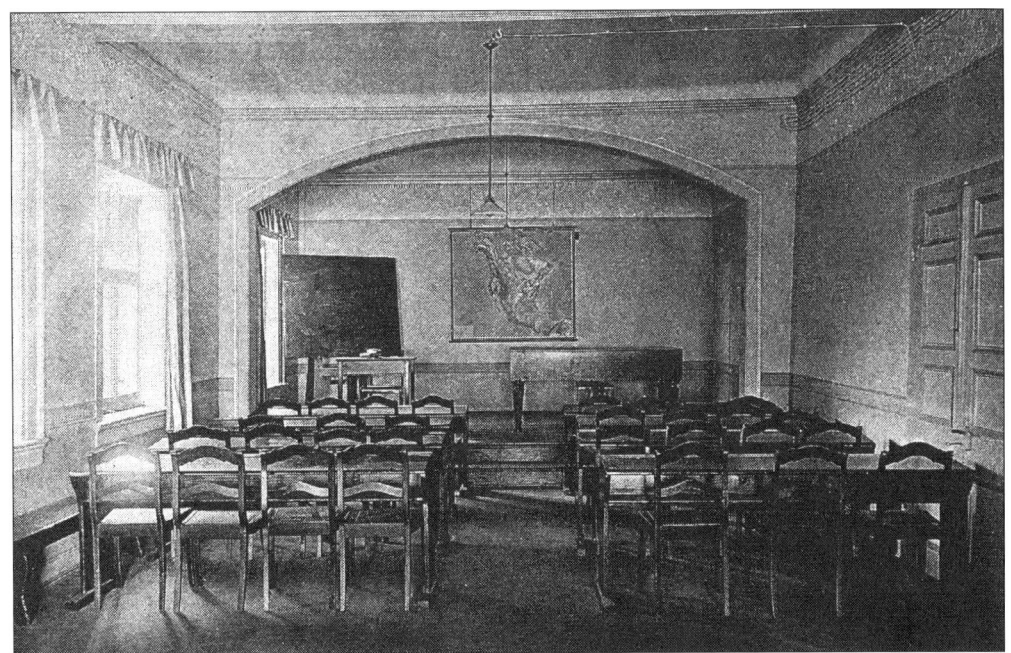

Im Gegensatz zu den Gesellschaftsräumen waren die Unterrichtsräume sehr sachlich eingerichtet. Das Herzogin-Marie-Institut konnte am Ende des 19. Jahrhunderts bis zu 170 Schülerinnen aufnehmen, einige kamen sogar aus England und Holland. Seit 1883 konnten die Schülerinnen ihre Ausbildung mit dem Abschluß als Lehrerin beenden. Um 1890.

Der Tennisplatz des Herzogin-Marie-Instituts, um 1890.

Das Herzogin-Marie-Institut bestand bis 1912. Danach wurde das Gebäude als Wohnhaus benutzt. Als während des Krieges am 10. November 1944 ein einzelnes Flugzeug über der Friedrich-Jacobs-Straße, dem Neumarkt und der Gartenstraße Luftminen abwarf, wurde das Gebäude zerstört. Insgesamt starben 71 Menschen bei dem Luftangriff.

Die Lehrer und Lehrerinnen des Herzogin-Marie-Instituts, um 1880/90. Sie waren nicht alle ganztägig am Institut beschäftigt. Sitzend von links nach rechts: 1. Rausch, 2. Mathilde Atzel, 3. Otto Dreyer, Theologe, 5. van Kampen, 6. Rost. Stehend von links nach rechts: 2. Gernand, Elementarfächer, 5. Lasswitz, 6. Zeichenlehrer und Maler Richard Freytag.

Die 1836 gegründete Realschule, das Realgymnasium, erhielt 1838 einen Neubau in der Bergallee. 1859 wurde die Schule mit dem seit 1524 bestehenden humanistischen Gymnasium ver-
einigt. Seitdem setzte sich der Name Gymnasium Ernestinum, benannt nach Herzog Ernst I.
von Sachsen-Coburg und Gotha, durch.

Gymnasialklasse von Prof. Dr. Eduard Rosenstock im Gymnasium Ernestinum in der Bergallee,
um 1910.

Das Herzog-Ernst-Seminar an der noch unbefestigten Reinhardsbrunner Straße, um 1890. Auf Initiative des Waisenhauspfarrers Johann Christian Haun entstand 1780 eines der frühesten deutschen Lehrerseminare. Im Jahre 1888 konnte es in das neue Gebäude in der Reinhardsbrunner Straße ziehen.

Die Lehrer und eine Klasse Seminaristen des Jahrgangs 1900. Stehend von links nach rechts die Lehrer Jungheinrich und Hertel sowie die Seminaristen Kellner, Leutbecher, Herwig, Wipper, Bock, Moser, Mönch, Hasse, Wedemeyer, Schlesinger, Huschenbett. Sitzend von links nach rechts die Lehrer Unbehaun, Rabich, Oberpfarrer Müller, Catterfeld, Zeyss, Krebs, Zahn, Berbig.

7

Freizeit, Kultur und Sport

Gotha war als Residenzstadt im kleinen Herzogtum ein Zentrum des geistig-kulturellen Lebens. Nach 1870 hatte das Bürgertum für die unterschiedlichsten Interessengebiete Vereine gegründet, z.B. zur Weiterbildung und Vermittlung von naturwissenschaftlichen und philosophischen Kenntnissen, Wohltätigkeitsvereine, Frauenvereine, Gesangs- und Musikvereinigungen oder Sportvereine. In dem 1840 errichteten Theater gastierten berühmte Künstler und fanden bedeutende Opernaufführungen statt. Im Jahre 1879 wurde das Museumsgebäude, heute Museum der Natur, für die herzoglichen Sammlungen eröffnet. Das Bürgertum gründete sein Heimatmuseum, das heutige Museum für Regionalgeschichte und Volkskunde. Neben der herzoglichen Bibliothek entstand die Stadtbibliothek, heute Heinrich-Heine-Bibliothek. Seit 1908 nahm die Kinematographie oder Filmtechnik einen Platz im Kulturleben der Stadt ein und entwickelte sich in den zwanziger Jahren zum größten Massenmedium.

Rathaus im Festschmuck zum 50jährigen Jubiläum des Deutschen Schützenbundes am 9. Juli 1911. Die Gothaer Bürger waren im Mittelalter zur Stadtverteidigung und -befestigung verpflichtet. Den Umgang mit Waffen erprobten sie während der Schützenübungen.

Anknüpfend an die Tradition der Schützen entstanden im 19. Jahrhundert Schützenvereine. Das erste deutsche Schützenfest fand 1861 mit mehr als 1.000 Schützen in Gotha statt. Am 11. Juli 1861 wurde der Deutsche Schützenbund gegründet und Gotthilf Albert Sterzing aus Gotha zum Vorsitzenden gewählt. Festzug in der Erfurter Straße. Das Foto ist auf der Rückseite beschriftet mit: 1. Heß, 2. Gessert, 3. Zwetz, Fahnenträger, 4. Lucas I, 5. Ebersbach, 6. Meißner, Schützenkönig, 7. Köhler, 8. Ammerschuber, 9. Pfeifer, 10. Zell, 11. Lucas II, 12. Groß, 13. Kunde, 14. Intrau, 15. Lehmann, 16. Ludwig.

Die erste öffentliche Rundfunkübertragung in Deutschland fand im Oktober 1923 in Berlin statt und erregte großes Aufsehen. Ein Jahr später gab es die ersten Radiobesitzer in Gotha, und im Februar 1925 waren bereits 78 Rundfunkteilnehmer angemeldet. Betriebe für „Radio-Anlagen und Radio-Artikel" entstanden. Es war sehr ungewöhnlich, daß sich auch eine Gothaerin mit der neuen Technik beschäftigte.

Die älteste bürgerliche kulturelle Vereinigung war der von dem Komponisten Andreas Romberg 1819 gegründete „Singverein". Aus der Sängerbewegung ging 1837 die „Liedertafel" hervor. Der Chorleiter des Vereins, Adolf Wandersleb, war maßgeblich an der Gründung des Thüringer Sängerbundes am 14. Januar 1843 in Gotha und der Vorbereitung von Liederfesten beteiligt gewesen. 23. Sängerbundesfest in Gotha vom 14. bis 16. Juli 1906, Festhalle auf dem Schützenplatz.

Das 29. Thüringer Sängerbundesfest fand vom 6. bis 8. Juli 1929 in Gotha statt. Der geschmückte Wagen des Sängerkranzes Siebleben für den Festumzug.

Im Frühjahr 1919 wurde auf Initiative der USPD in Gotha eine Kolonne des Arbeiter-Samariter-Bundes gegründet, die 1920 bereits mehr als 30 Mitglieder zählte. Das notwendige Wissen für Erste-Hilfe-Leistungen mußten sich die Mitglieder in Kursen erwerben. ASB Gotha mit fahrbarer Trage, genannt Rikscha, bei einer Übung. Um 1925/27.

Im August 1924 wurde in Gotha ein Arbeiter-Schach-Klub gegründet, der dem Arbeiterkartell für Kunst, Bildung, Sport und Körperpflege angeschlossen war. Jeden Sonnabendabend trafen sich die Mitglieder zur Übungsstunde im „Volkshaus zum Mohren". Der Klub beteiligte sich an Wettkämpfen und Simultanspielen. Um 1925/30.

In der Mitte des 19. Jahrhunderts entstand auf dem Wäschetrockenplatz in Schelihas Garten, zwischen Schelihastraße und Brahmsweg, ein Turnplatz. 1860 wurde der Gothaer Turnverein gegründet. Die Turnübungen fanden im Winter im Saal der „Steinmühle" statt. 1863 wurde in Schelihas Garten die erste Gothaer Turnhalle gebaut. Turnverein 1860 vor der Turnhalle, 1912.

Vorführungen des Turnvereins 1860 im Garten der Turnhalle der Gotthardschule. Dem Verein gehörten bedeutende Persönlichkeiten an, wie die Fabrikanten Vierschrodt und Auerbach, der Graveur Emil Helfricht, der Gymnasiallehrer Eduard Mönch, der die ersten Turnlehrer sowie Feuerwehrleute ausgebildet hatte, der Seminarleiter August Köhler, der Kartograph Bruno Hassenstein sowie der Buchhändler Georg Hirth, der spätere Herausgeber der Zeitschrift „Jugend".

Die Turn- und Spielzeiten des
Turnvereins gegr. 1860
in der Turnhalle am **Parkpavillon:**

Männerabteilung: Montag und Freitag von 8—10 Uhr abends
Hauptabteilung: Dienstag und Freitag „ 8—10 „ „
Vorturner: Sonnabends „ 8—10 „ „
Fechtriege: Montag abend von 8—10 Uhr und Sonntag von 10—12 Uhr vormittags.

Spielvereinigung auf dem Spielplatz an der Seebergstrasse:

Mittwoch von 6 Uhr abends ‖ Sonnabend von 2 Uhr nachm.
Donnerstag „ 7 „ „ ‖ Sonntag „ 1 „ „
Zöglinge sind bis zum 17. Jahre beitragsfrei.

Die Übungszeiten des Turnvereins 1860 aus dem Jahre 1912. Übungsstunden für Frauen gab es erst in den zwanziger Jahren.

Die leistungsstärksten Turner waren in der Riege „Schwung" zusammengefaßt. Die Riege, um 1935.

Innerhalb der Gothaer Arbeiterbewegung kam dem Arbeitersport eine große Bedeutung zu. Es gab in den zwanziger Jahren Arbeiterturnvereine in Gotha, Siebleben, Sundhausen, Remstädt, Boilstädt und Ülleben, die Sportfreunde Gotha, den Verein für Bewegungsspiele, den Arbeiter-Schwimmverein, den Arbeiter-Radfahrverein und den Arbeiter-Kraftsportverein „Lurich". Alle gehörten dem Arbeitersportkartell an.

Im April 1914 wurde in Gotha der Arbeiter-Schwimmverein gegründet, doch die Vereinsarbeit wurde durch den Ersten Weltkrieg unterbrochen. Da viele Erwachsene nicht schwimmen konnten, begann der Verein im Sommer 1919 mit der Grundausbildung von Schwimmern. 1923/25 bauten sich die Mitglieder unter großen persönlichen Opfern das Volksbad am Aquarium. Mitglieder des ASV, um 1925/30.

Der Arbeiter-Radfahrverein Gotha stellte sich 1925 in Ohrdruf vor.

Der Autobesitzer Otto Gewalt aus Gierstädt, rechts im Bild, machte mit seinen Gothaer Verwandten Curt und Gisela Mark einen Ausflug ins Grüne.

Eine der ältesten Aufnahmen der Geschwister Weisheit, die mit Seil und Ringen in ihrer „Hochseil-Arena-Schau" seit 1900 artistische Darbietungen brachten. Um 1900/05 in Meuselwitz/Thüringen.

Vor dem Orgelwagen hatten sich Friedrich Wilhelm Weisheit, zweiter von rechts, mit seinen drei Söhnen und vier anderen Schaustellern postiert. Er war der Stammvater der heute international bekannten Hochseiltruppe Geschwister Weisheit, Gotha. Dritter von links sein Sohn Lorenz Weisheit, der Vater von Rudi Weisheit, des jetzigen Chefs der Truppe. Um 1920.

Seit der Eröffnung des Lichtspieltheaters im Restaurant „Concordia" in der Cosmarstraße 20, später „Weiße Wand", im Jahre 1908, begann in Gotha der Siegeszug des Films. 1910 folgten das „Cinephon-Theater" am Mohrenberg 7 (später „Welt-Spiegel") und „Scherfs Bioskop-Theater", Hauptmarkt 40 („Goldene Schelle"). Seit 1912 wurden auch im „Schloßhotel" und in der Gaststätte „Steinmühle", Steinmühlenallee 23, Filme vorgeführt. Während in den Gründungsjahren des Films eine Veranstaltung aus mehreren Kurzfilmen bestand, setzte sich seit 1910 der große Spielfilm durch. Vor der „Weißen Wand" die Werbung für den Film „Der Kampf ums Matterhorn".

Liszt-Akademie und Musikschule nannten sich 1910 in Gotha die privaten Lehranstalten für die musikalische Ausbildung. Außerdem gab es noch Klavierschulen. In der Klavierschule von Gertrud Zangemeister wurde auch Gesangsunterricht gegeben. Die Gesanglehrerin Luise Zangemeister, um 1910.

Anläßlich des 100. Jahrestages der Gründung des Gothaer Gartenbauvereins fand in der Orangerie und im Park die Deutsche Rosenschau vom 29. Juni bis Ende September 1930 statt. Die Vereinigung der „Deutschen Rosenfreunde" verlegte ihre Veranstaltungen nach Gotha. Im Freiland und in den Gebäuden der Orangerie fanden Ausstellungen von Schnittblumen, Topfpflanzen, Kakteen, über Blumenbindekunst, Tischdekoration mit Blumen und Seidenraupenzucht statt. Die Gartenarbeiter der Rosenschau.

Während der Rosenschau waren 40 Gartenbaubetriebe und aus Gotha der Gartenbauverein, Kaninchenzuchtverein, Tierschutzverein, Bienenzuchtverein, Verein „Kanaria", Landesobstbauschule, Kreisverein für Obst- und Gartenbau, Künstlervereinigung „Garbe" sowie aus Kleinfahner der Obstbauverein vertreten. Es fanden Konzerte, Vorträge, Tanzvorführungen, Feuerwerk und Kinderfeste statt. Kinderfest während der Rosenschau im Garten der Orangerie.

Mit Auflösung der Bürgerwehr 1862 wurde eine ständige Bereitschaft der Feuerwehr einge-
richtet. Das war dann 1864 die Geburtsstunde der Feuerwehr von Gotha. Einige Mitglieder der
Freiwilligen Feuerwehr Gotha, um 1925. Es gab einen Branddirektor, drei Brandmeister und
Feuerwehrleute.

Vor dem Ersten Weltkrieg erhielt die Feuerwehr die erste Automobilspritze, 1919 kamen ein
motorisierter Mannschaftswagen, 1927 ein Löschzug mit zwei Spritzen, 1935 eine kleine Kraft-
spritze und 1936 eine Schaumspritze hinzu. Die Feuerwehr mit ihren Fahrzeugen am oberen
Hauptmarkt, vor 1939.

Im Jahre 1950 zog die Stadtbibliothek aus der Gotthardstraße nach dem Ausbau des nord-
östlichen Gewächshauses in die Orangerie und wurde als eine der ersten und größten Frei-
handbibliotheken in der DDR eröffnet (Foto). Am 15. Januar 1953 wurde ihr der Name
Heinrich-Heine-Bibliothek verliehen.

Am Tag des Buches im November 1954
fand in der Heinrich-Heine-Bibliothek mit
Louis Fürnberg eine Autorenlesung statt.
Louis Fürnberg gab Autogramme, neben
ihm Generalmusikdirektor Fritz Müller vom
Staatlichen Sinfonieorchester Thüringen,
Sitz Gotha.

Am letzten Kampftag des Zweiten Weltkrieges in Gotha wurde das Landestheater beschossen und brannte aus. Da alle großen Feuerlöschfahrzeuge mit ihren Begleitpersonen aus Gotha evakuiert waren, versuchten die wenigen in Gotha verbliebenen Männer des Löschtrupps mit einem leistungsschwachen Löschfahrzeug den Brand zu bekämpfen. Bereits nach der ersten Einsatzstunde wurden die Polsterstühle im Zuschauerraum ein Raub der Flammen. Das Feuer griff unaufhaltsam weiter und erfaßte das „Theaterkaffee", das Kulissenhaus und Wohngebäude am Arnoldiplatz und in der Mönchelsstraße.

Bis 1958 stand die Theaterruine, trotz Protest der Bevölkerung wurde sie gesprengt. Fritz Skoberla hatte die Ruine, Bild oben, und die Warntafel fotografiert.

Julius Albrecht machte eine Aufnahme vom Sprengmeister, als dieser in die Kellermauern des Theaters die Sprengladungen legte. 1958.

Wegweiser in der Parkallee/Ecke Karl-Marx-Straße, heute Friedrichstraße, für das Theater im „Parkpavillon". Bis 1974.

Aus der 36 Mitglieder starken Landeskapelle des Landestheaters entstand seit 1951 das Staatliche Sinfonieorchester Thüringen, Sitz Gotha. Ein Jahr später konnte das Orchester auf 60 Instrumentalisten erhöht werden und entwickelte sich zu einem der bedeutendsten Klangkörper in der DDR. Konzert im Hof von Schloß Friedenstein, um 1955/60.

Register

Die Heimat entdecken!

Von Kiel bis Wien,
von Aachen bis Görlitz:
Entdecken Sie Alltagsgeschichten
aus Ihrer Heimatstadt!

Leben in der Großstadt …

Tauchen Sie ein in das quirlige Großstadtleben vergangener Tage. Spazieren Sie über breite Boulevards und stürzen Sie sich ins Nachtleben. Erkunden Sie ihre Stadt durch die Fensterscheiben einer Straßenbahn oder des ersten Käfers und bewundern Sie prächtig geschmückte Schaufenster.

... und ländliche Idylle

Wie sah das Leben in Ihrer Heimat aus, als die Bauern noch mit Pferden pflügten und jedes Dorf seinen eigenen Schmied hatte, jeder noch jeden kannte und das Leben sich zwischen Kirche, Wirtshaus und Wohnküche abspielte?

Erinnerungen an die Schulzeit …

Erinnern Sie sich noch an die Zeiten von Abakus und Schiefertafel, an Klassenausflüge oder den ersten Taschenrechner? Blicken Sie zurück auf große Klassen und gestrenge Schulmeister, entdecken Sie auf Klassenfotos Freunde und Bekannte von früher!

... und das Arbeitsleben

Entdecken Sie, wie sich das Arbeitsleben in den letzten hundert Jahren verändert hat. Werfen Sie einen Blick in Fabrikhallen, blicken Sie Handwerksmeistern bei ihrer Arbeit über die Schulter und erinnern Sie sich an den Einkauf im Tante-Emma-Laden.

Gesellige Stunden im Verein …

Fußballclub und Schützenverein, Musikkapelle und Gesellenverein: Schauen Sie zurück auf Volksfeste und Turniere, Chorproben oder Prunksitzungen. Erinnern Sie sich an schöne Stunden und das gesellschaftliche Leben in Ihrer Heimat.

... und im Familienkreis

Werfen Sie einen Blick in die Wohnzimmer vergangener Tage und entdecken Sie, wie sich zwischen schweren Eichenmöbeln, Nierentischen und Ikea-Regalen der Alltag verändert hat. Erleben Sie Familienfeiern und Weihnachtsfeste im Wandel der Jahrzehnte mit.

www.suttonverlag.de

Alltagsgeschichte in historischen Fotos zu über 1000 Regionen, Städten und Gemeinden

Bestellen Sie jetzt
Ihr persönliches Exemplar auf

www.suttonverlag.de

Zeitfracht Medien GmbH
Ferdinand-Jühlke-Straße 7
99095 Erfurt, Deutschland
produktsicherheit@kolibri360.de

Druck:
CPI Druckdienstleistungen GmbH
im Auftrag der
Zeitfracht Medien GmbH
Ein Unternehmen der Zeitfracht - Gruppe
Ferdinand-Jühlke-Str. 7
99095 Erfurt